云南国土资源职业学院"自然资源时空大数据应用技术"科技创新团队(2021KJTD03)
云南省教育卫生科研工会创新团队(自然资源监测与评价科技创新团队)　　　资助
云南省职业教育教师教学创新团队(测绘地理信息技术专业)

阳宗海流域土地利用变化与景观格局研究

YANGZONG HAI LIUYU TUDI LIYONG BIANHUA YU JINGGUAN GEJU YANJIU

孙晓莉　著

图书在版编目(CIP)数据

阳宗海流域土地利用变化与景观格局研究/孙晓莉著.—武汉:中国地质大学出版社,2024.7.—ISBN 978-7-5625-5929-0

Ⅰ.F321.1;P942.74

中国国家版本馆CIP数据核字第202459YT44号

阳宗海流域土地利用变化与景观格局研究	孙晓莉 著
责任编辑:彭 琳	责任校对:宋巧娥

出版发行:中国地质大学出版社(武汉市洪山区鲁磨路388号)　　邮编:430074
电　　话:(027)67883511　　传　　真:(027)67883580　　E-mail:cbb@cug.edu.cn
经　　销:全国新华书店　　　　　　　　　　　　　　　　　　http://cugp.cug.edu.cn

开本:787毫米×1092毫米 1/16	字数:218千字	印张:8.5
版次:2024年7月第1版	印次:2024年7月第1次印刷	
印刷:广东虎彩云印刷有限公司		
ISBN 978-7-5625-5929-0		定价:52.00元

如有印装质量问题请与印刷厂联系调换

前言

土地是人类生产生活和社会发展过程中的重要自然资源和物质保障,不同的土地利用类型在空间分布上的变化直接影响景观格局变动。而流域作为水文循环的基本单元,是自然、社会、经济共同作用的复合生态系统,从系统多元化的角度开展人类活动对流域内土地利用/覆被变化及景观格局影响的研究一直是学者们关注和研究的热点问题之一。党的二十大报告提出了坚持山水林田湖草沙一体化保护和系统治理,全方位、全地域、全过程加强生态环境保护的新要求,进一步明确了流域生态环境保护的重要性。量化人类活动对流域土地利用变化及景观格局演变的影响,揭示流域内各用地类型时空变化特征,仍是当前研究的课题之一。

阳宗海是云南九大高原湖泊之一,是典型的高原淡水湖泊。阳宗海流域呈南北狭长状分布,四周群山环抱,流域最高海拔的山为老爷山(2730m),最低处为出水口(1 770.46m)。阳宗海湖泊入湖河流主要有阳宗河、七里河、汤池河以及其他临时性溪流等。随着社会经济的快速发展,阳宗海流域内基础设施、温泉公园、学校、湿地公园等的用地需求大幅增加,促使建设用地增幅较为明显,研究区内各个地类均发生了较为剧烈的变化。因此,阳宗海流域作为研究区,具有典型性,其研究成果对当地土地利用、生态环境保护等具有重要的应用价值。

笔者在云南国土资源职业学院"自然资源时空大数据应用技术"科技创新团队(2021KJTD03)、云南省教育卫生科研工会创新团队(自然资源监测与评价科技创新团队)、云南省职业教育教师教学创新团队(测绘地理信息技术专业)等给予的支持下,总结了国内外土地利用变化与景观格局相关方面的研究。通过获取阳宗海流域2005年、2010年、2015年、2020年4期遥感影像数据,采用目视解译和外业核查方式获得研究区4期矢量数据图斑,借助ArcGIS、Fragstats、Erdas等软件,运用土地利用动态变化度分析、地学信息图谱法、土地利用转移矩阵、桑基图绘制法、景观格局指数分析等空间分析方法,较为系统地对阳宗海流域土地利用变化与景观格局演变特征(2005—2020年)进行了分析和研究,尤其对耕地、建设用地和生态用地的数量、质量、空间分布及景观格局变化等进行了较为详细的阐述,为今后开展阳宗海流域生态环境保护、生态安全体系构建等相关研究提供参考依据。

本书共有9章。第1章介绍了土地利用/覆被变化与景观格局方面的国内外相关研究,第2章介绍了土地利用变化与景观格局相关的理论及方法,第3章介绍了研究区自然、社会经济、生态建设及土地利用现状,第4章介绍了研究区数据收集与处理过程,第5章介绍了阳宗海流域土地利用变化与景观格局,第6章介绍了阳宗海流域耕地空间分布格局及变化特征,第 7 章介绍了阳宗海流域建设用地空间分布格局及变化特征,第 8 章介绍了阳宗海流域生态用地变化情况,第 9 章阐述了研究结论。

本书在撰写过程中得到了云南国土资源职业学院多位老师的大力支持和帮助,在此一并表示诚挚的感谢。

由于时间与水平有限,书中难免有不足之处,敬请各位专家和读者不吝批评、指正。

孙晓莉
2024 年 3 月

目录

第1章 绪 论 ………………………………………………………………………………………(1)
1.1 研究背景及意义 …………………………………………………………………………(1)
1.2 研究内容 …………………………………………………………………………………(2)
1.3 国内外相关研究 …………………………………………………………………………(5)
1.4 研究方法 …………………………………………………………………………………(7)
主要参考文献 …………………………………………………………………………………(8)

第2章 土地利用变化与景观格局相关的理论及方法 ……………………………………(11)
2.1 土地利用变化的理论与方法 …………………………………………………………(11)
2.2 景观格局的理论与方法 ………………………………………………………………(18)
2.3 土地利用变化与景观格局研究方法 …………………………………………………(26)
主要参考文献 …………………………………………………………………………………(34)

第3章 研究区域概况 ………………………………………………………………………(36)
3.1 研究区范围 ……………………………………………………………………………(36)
3.2 自然概况 ………………………………………………………………………………(36)
3.3 社会经济概况 …………………………………………………………………………(43)
3.4 生态建设概况 …………………………………………………………………………(43)
3.5 土地利用状况 …………………………………………………………………………(43)
主要参考文献 …………………………………………………………………………………(44)

第4章 研究区数据收集与处理 ……………………………………………………………(45)
4.1 数据收集 ………………………………………………………………………………(45)
4.2 数据处理软件 …………………………………………………………………………(45)
4.3 遥感影像分类与解译 …………………………………………………………………(49)
主要参考文献 …………………………………………………………………………………(55)

第5章 阳宗海流域土地利用变化与景观格局 ……………………………………………(56)
5.1 土地利用数量变化 ……………………………………………………………………(56)
5.2 土地利用空间分布格局 ………………………………………………………………(58)
5.3 地学信息图谱分析 ……………………………………………………………………(58)
5.4 土地利用景观格局变化 ………………………………………………………………(68)

· Ⅲ ·

5.5 阳宗海湖面面积变化 …………………………………………………………… (70)
  5.6 阳宗海湖泊质心变化 …………………………………………………………… (71)
  5.7 本章小结 ………………………………………………………………………… (71)
    主要参考文献 ……………………………………………………………………… (72)

第6章 阳宗海流域耕地空间分布格局及变化特征 ……………………………………… (74)
  6.1 耕地空间分布及变化特征 ……………………………………………………… (74)
  6.2 不同地形条件下耕地空间分布特征 …………………………………………… (76)
  6.3 耕地时空格局地学信息图谱分析 ……………………………………………… (78)
  6.4 耕地空间格局景观指数演化 …………………………………………………… (81)
  6.5 本章小结 ………………………………………………………………………… (82)
    主要参考文献 ……………………………………………………………………… (83)

第7章 阳宗海流域建设用地空间分布格局及变化特征 ………………………………… (85)
  7.1 建设用地空间分布及变化特征 ………………………………………………… (85)
  7.2 不同地形条件下建设用地空间分布特征 ……………………………………… (87)
  7.3 建设用地时空格局地学信息图谱分析 ………………………………………… (89)
  7.4 建设用地空间格局景观指数演化 ……………………………………………… (92)
  7.5 本章小结 ………………………………………………………………………… (93)
    主要参考文献 ……………………………………………………………………… (94)

第8章 阳宗海流域生态用地变化情况 …………………………………………………… (95)
  8.1 阳宗海流域生态用地分类 ……………………………………………………… (95)
  8.2 生态用地时空变化分析 ………………………………………………………… (96)
  8.3 生态用地转移变化 ……………………………………………………………… (99)
  8.4 生态用地景观格局变化 ………………………………………………………… (104)
  8.5 本章小结 ………………………………………………………………………… (106)
    主要参考文献 ……………………………………………………………………… (107)

第9章 结 论 ……………………………………………………………………………… (109)
附录 土地利用现状分类标准 …………………………………………………………… (111)
  附表1 土地规划用途分类 ………………………………………………………… (111)
  附表2 第二次全国土地调查土地利用现状分类 ………………………………… (115)
  附表3 第三次全国国土调查土地分类 …………………………………………… (119)

第1章 绪 论

1.1 研究背景及意义

20世纪末,由国际科学理事会发起的国际全球环境变化人文因素计划(International Human Dimension Programme on Global Environmental Change,IHDP)强调了城市化、工业化等发展过程中人类活动与自然过程间相互作用对全球范围内环境变化影响的重要性。在该计划的推动下,城市化和工业化等带来的全球各个尺度上土地利用格局的演变及其造成的生态环境问题已成为21世纪以来全球环境变化研究的核心课题之一(蔡运龙等,2009)。其中全球范围流域内土地利用/覆被变化、生物多样性降低、生态系统稳定性下降等生态环境问题愈加突出(王毅,2008),这使得越来越多的跨学科研究开始围绕人类活动影响下土地利用与景观格局的变化带来的流域内生态格局的破碎化以及生物多样性逐渐丧失等问题展开(路云阁和蔡运龙,2007;赵锐锋等,2013)。许多学者通过上述变化趋势与作用机理分析,探究流域土地利用/覆被变化的内在驱动机制,最大限度地恢复流域自然生态系统的基本功能。然而,由于流域性问题的复杂性与所涉及学科的综合性特点,现有的研究尚未形成针对流域自身多元化属性的一套综合各要素的方法体系(王毅,2008)。与此同时,仅从某一个年份对流域土地利用/覆被变化进行研究,无法开展流域长时间序列的研究,无法满足流域系统性规划的需求,也无法建立起流域生态系统内各个要素间相互作用的关系。基于此,从流域自身结构、功能与关联要素的分析入手,从不同年份、不同土地利用类型、不同尺度对流域土地利用与景观格局变化进行研究,可以为今后流域规划与湖泊保护等提供重要的数据支撑和参考依据。

流域作为水文循环的基本单元,是自然、社会、经济共同作用的复合生态系统,需要从系统多元化的角度开展人类活动对流域内土地利用/覆被变化作用的研究(张爱静等,2012)。随着流域生态学理念的提出,很多学者开始研究流域内不同景观和不同生态系统间信息、能量、物质间的相互作用,并强调流域内景观系统结构层次的丰富性与组成要素多样化的特点(吴刚和蔡庆华,1998)。他们认为流域内自然生态要素与人类活动相互作用的过程在系统内各个层次发挥作用且影响系统内的各个要素,不仅涉及宏观流域尺度、中微观河流廊道以及局部河段尺度,还囊括河湖水系、山林田园、城市建筑群、城市生物等自然与社会的多种要素(杨海乐和陈家宽,2016)。这一理论的提出为从系统多元化的角度出发分析人类活动影响造成的流域内各个尺度景观格局特征变化奠定了理论基础,指明了跨学科交叉探索的方向。回顾以往研究成果,由于存在学科间跨度较大等问题,研究内容均分散在自然地理学、景观生态学、环境科学、生物学等多个学科领域,侧重点均不同且各自纵向深入发展。与此同时,多维度、多要素的跨学科系统综合研究成为各学科领域讨论的焦点(王震洪等,2021;蔡庆华,2020)。

综上所述,笔者以受城市化、工业化等因素影响较大的阳宗海流域为研究区,开展剧烈人类活动影响下流域土地利用与景观格局变化研究。阳宗海湖泊属云南九大高原湖泊之一,近年来随着学校、温泉公园等设施的建设,流域内土地利用类型发生了较大变化。随着云南省委、省政府先后出台《云南省九大高原湖泊保护治理攻坚战实施方案》《全面推行河长制行动计划(2017—2020 年)》《云南省河湖"清四乱"专项行动方案》等一系列治理措施,昆明阳宗海风景名胜区管理委员会通过开展清除湖区淤泥、加强入湖河道综合整治并积极实施种植业产业结构调整,将部分荒山石漠土地调整为种植业示范区,流域内生态环境质量得到进一步提升。此外,学者们对滇池、剑湖、洱海等流域研究较多,对阳宗海流域开展相关的研究较少。因此,以阳宗海流域作为研究区域,开展流域土地利用景观格局时空变化分析,对流域内土地利用结构优化、湖泊保护等具有重要意义。笔者选择 4 期遥感影像数据(分别为 2005 年、2010 年、2015 年、2020 年的遥感影像数据),采用目视解译和外业核查方式获得研究区矢量数据图斑,从土地利用变化、地学信息图谱、景观格局变化等不同角度分析研究区土地利用景观格局变化特征,并对人类活动影响较大的生态用地和耕地等进行土地利用与景观格局变化研究;从景观空间角度探讨阳宗海湖泊面积及质心变化,以期为阳宗海湖泊及流域内土地利用、生态安全体系构建等提供数据支撑和决策依据,进一步促进湖泊流域生态环境的有效保护、合理利用与可持续发展。

1.2 研究内容

1.2.1 土地利用/覆被变化研究

目前,人类面临的许多环境与发展问题都与土地利用/覆被变化有关,土地利用已成为全球变化研究的核心主题之一(蔡海生,2013)。土地利用是指对土地的使用情况,侧重于土地的社会属性,是人类根据土地的自然属性,为实现经济和社会发展目的而开展的涉及土地的生物和技术活动。土地利用的方式、程度、结构及地域分布和效益,既受自然条件的影响,更受各种社会、经济、技术条件的约束,而且社会生产方式往往对土地利用起着决定性的作用。土地覆被是指地表自然形成的或者人为引起的覆盖状况,是地球表面的植被和人工覆盖物、人工改造物的总称。土地利用与土地覆被有着较为密切的关系,土地利用是发生在地球表面的过程,往往表现为功能性特征,而土地覆被则是各种地表过程的产物,往往表现为形态性特征。土地利用的变化会不断导致土地覆被的加速变化,而土地覆被则反过来又影响土地利用的方式。因此,土地利用变化和土地覆被两者相互影响,互为一个整体,成为事物的两个方面。

土地利用/覆被变化的研究内容非常广泛,不仅包括自然、社会与经济整体,还包括人类社会的历史、现状与将来,以及从地球生物圈到一个国家、省或地区、某个乡镇或研究区域等不同尺度的研究(韦素琼和陈健飞,2006)。目前土地利用/覆被变化的相关研究主要包括土地利用/覆被变化的格局及过程研究、土地利用/覆被变化的驱动力(影响因素)分析及土地利用/覆被变化的效应,包括资源环境生态效应、经济效应和社会效应等。

历史上土地利用/覆被变化大都是人类通过土地利用活动造成的,因此,在土地覆被变化的机制研究中,社会经济因素对土地利用的作用应摆在重要位置,如不加强人类活动行为因素对土地利用/覆被变化的影响与作用研究,便无法真正去理解土地利用/覆被变化,更无法进行土地利用/覆被变化的相关预测研究。土地利用/覆被变化的过程在时间与空间尺度上是不断发生变化的,无法真正揭示土地利用/覆被变化的内在变化机制。事实上,只有在较为宏观的研究区域内通过大量的案例研究,并对比不同区域自然、社会、经济、历史传统与技术,才有可能最后形成能代表不同区域类型的土地利用与土地覆被变化特征,能更有效地解释土地利用/覆被变化的"热点区域",能更科学地解释政策等人类行为对土地利用/覆被变化的影响。同时,由于土地利用/覆被变化是多因素共同作用的结果,每一个影响因子对土地利用/覆被变化的影响程度都会随着时空条件变化而发生变化,并且各影响因子之间相互作用,使得在进行影响因素研究时,较少单独对某一影响因素进行研究,往往采用多因子对土地利用变化进行研究。

1.2.2 景观格局研究

景观的定义可概括为狭义景观和广义景观两种。狭义景观是指在几十千米至几百千米范围内,由不同类型生态系统所组成的具有重复性格局的异质性地理单元。反映气候、地理、生物、经济、社会和文化综合特征的景观复合体称为区域。广义景观则包括从微观到宏观不同空间尺度上的,具有异质性或斑块性的空间单元。广义景观概念强调空间异质性,景观的绝对空间尺度随研究对象、方法和目的而变化(郑新奇等,2022)。流域是一个基于自然水文过程发生的地貌水文系统单元,囊括了该单元内各级河流及其所在的汇水区域,承载了山、水、林、田、湖、草、生物、建筑物等多种自然与人为因素,也是人类生存与活动开展的关键区域(刘丙军等,2022)。目前,从宏观尺度分析流域景观格局特征变化的研究已颇为成熟,常通过对各类自然与人为土地利用类型及其景观格局的时空变化特征分析来反映流域景观在宏观尺度的变化规律,主要采用转移矩阵分析方法探讨各土地利用类型间的转移变化情况,并通过计算各种具有不同生态意义的景观格局指数(如斑块面积、斑块个数、景观破碎化指数、多样性指数、优势度指数等)的大小来表征不同土地利用景观格局时空变化的特征与意义。因此,在分析宏观尺度流域景观格局变化特征时,往往通过时间维来分析不同土地利用类型的变化特征,通过空间维研究流域景观斑块的空间配置特征(即景观指数表征的景观格局特征)。

1.2.3 3S技术与景观格局分析

随着科学技术的发展,3S技术在景观学中逐渐广泛应用。3S技术是指对地观测的3种空间高新技术系统,即地理信息系统(geographic information system, GIS)、遥感(remote sensing, RS)和全球导航卫星系统(global navigation satellite system, GNSS)。现代高新技术在景观学中的应用,对推动景观学的发展具有重要作用(郑新奇等,2022)。

1. GIS 在景观格局分析中的应用

GIS 是集地球科学、环境科学、信息科学、计算机科学、管理学等学科于一体的边缘科学。它是在计算机软、硬件条件支持下,以地理空间数据库为基础,对空间相关数据进行收集、管理、处理、分析、模拟和显示,运用地理模型提供多种空间和动态的地理信息,为地理研究和地理决策服务而建立起来的计算机技术系统(刘茂松和张明娟,2004)。在景观格局研究中,GIS 技术除用于收集和管理景观数据外,还用于景观空间格局的分析与描述、景观时空变化动态分析与模拟。

在土地利用及生态建设方面,GIS 技术常用于国土资源调查、国土规划,在景观生态结构、生态评价等景观生态方面发挥着较好的作用。例如,有学者以海南岛 1∶20 万土地利用现状图作为基本分析图件,运用景观学原理,借助 GIS 分析技术,通过选取斑块密度、分维数、景观多样性、景观优势度等指数指标,分析了海南岛不同景观类型的空间分布和空间格局特征,探讨了该地区人类活动与景观结构之间的关系(肖寒等,2001)。也有学者通过 GIS 平台,基于研究区的具体地形条件和人文环境,通过对水土保持、河流廊道、乡土农业等进行格局划分,形成综合景观安全格局,以此来确定适宜建设的规划用地范围(尚琴,2014),不但优化了 GIS 技术的实践应用方法,而且对 GIS 技术在景观生态规划中的研究和发展有着重大意义。此外,也有学者依据研究区地形图、遥感影像图以及各类基础调查资料,利用 GIS 技术对研究区的空间数据进行提取和分析,通过建立数字模型并叠加遥感影像图形生成研究区的虚拟三维环境,对研究区地形、高差、空间、视域等进行相关分析,从而使景观规划和设计建立在直观、精确的空间模型之上(王怡憬,2017)。GIS 技术在景观格局变化分析应用中具有可以将多源数据进行复合、数据处理速度快且输出形式灵活等优势,但它更需要与 RS 技术等进行结合来进一步解决数据来源和数据精度等方面存在的局限性问题。

2. RS 技术在景观格局分析中的应用

RS 技术是一种远距离的目标技术,即不直接接触物体本身,从远处通过各种传感器探测和接收来自目标物体的信息,经过信息的传输及其处理分析,来识别物体的属性及其分布等特征,从而实现对目标进行定位、定性和定量的描述。通过该技术可以及时获取大范围、多时相、多波段的地表信息,为在不同时序上进行综合分析创造条件。

景观格局的遥感研究首先需要根据研究目的,结合各种地面调查数据或其他历史资料,对获得的遥感数据进行合成与分析处理等;然后把经过分类处理的影像数据转化为基础数据或图件;最后引入景观格局模型,借助数据分析手段进行景观格局规律探讨。例如,有学者以东北森林带为研究区,选取 2000 年、2005 年、2010 年、2015 年的中分辨率成像光谱仪(moderate resolution imaging spectroradiometer,MODIS)遥感影像,将东北森林带景观类型划分为森林、草地、湿地、农田、人工地面和其他用地 6 类,对东北森林带 2000—2015 年景观格局变化进行生态系统结构、生态系统转换方向、景观指数变化分析,运用 MCE-CA-Markov 模型,模拟东北森林带 2020 年景观格局变化趋势。研究结果表明,15 年间生态系统整体呈稳定状态,前10年生态系统改善趋势更强,后5年转变趋势变缓(苏凯等,2019)。RS技术在景观格局中的应用具有不直接接触研究对象、可重复观测、能获取大范围的数据等优势,通过空中获取的高空间、高光谱分辨率影像为景观格局分析提供了不同尺度的资料。

自20世纪80年代初以来,RS技术发展迅速,成为景观学研究的重要技术支撑手段,极大地促进了景观定量研究的发展和景观格局结构的改变,动态分析的不断深入为各种景观模型的建立与发展提供了坚实的资料基础。如果将RS技术与GIS技术和GNSS技术相结合,则能发挥更大的作用。

3. GNSS技术在景观格局分析中的应用

在传统的技术路线中,用RS技术发现变化区域之后,对变化区域的定量确定仅靠对遥感解译图上的区域界线进行量测。遥感图像的成像机理、图像分类方法存在自身固有误差和其他误差(如绘图误差)使得遥感解译图上的区域界线是相当模糊的界线,仅具有示意性。而GNSS技术具有提供全天候、连续、实时、高精度的三维位置以及时间数据的功能,不仅能准确地量测明显地物的地理坐标,为遥感图像的几何校正提供准确的地面控制点坐标,而且能提供各地类的精确经纬度坐标,为遥感图像分类提供准确数据。GNSS技术在景观格局分析中的应用主要体现在对获取的航空照片、卫星遥感图像等进行定位和地面校正。

4. 3S集成技术在景观格局分析中的应用

随着3S技术研究和应用的不断深入,只单独运用其中某一种技术已经不能满足综合性项目需求,不能提供所需对地观测、信息处理、分析和模拟的综合能力。3S集成技术的应用研究成为发展趋势,对开展全球气候变化、精细农业、交通运输、景观格局等方面的研究能产生较好的效果。3S集成技术主要表现为:3S技术充当不同的角色,其中RS技术通过不接触研究对象的方式获取航空照片、卫星遥感图像等所需的数据源;GNSS技术为遥感实况数据提供空间坐标,供操作人员进行观察和系统分析,且获取的准确的景观基础数据对于进行景观格局分析十分重要;最后借助GIS平台,利用其相关分析方法,对研究区景观格局时空演变等提供相应的技术方法和手段。随着3S技术的不断发展,3S集成技术在景观格局分析中的应用将朝着智能化方向发展。

1.3 国内外相关研究

1.3.1 国外相关研究

国际上有关土地利用变化的正式研究始于1992年联合国制定的《21世纪议程》,但是各国根据自己的情况开展的与土地利用变化有关的研究活动相对较早。例如,瑞典从19世纪70年代起在撒哈尔进行荒漠化和植被动态监测,对该区域进行了长期的土地利用/覆被变化研究;美国生态学会于1988年确定了20世纪最后10年的生态学优先研究领域,提出了《可持续的生物圈建议书》,并致力于研究生态学在地球资源管理和地球生命支持系统保护中的作用。国际社会科学联合会[①]等相关组织于 1995 年共同拟定并发表了《土地利用/土地覆被变化科学研究计划》，并将其列为核心计划。国际应用系统分析研究所（International Institute for Applied System Analysis，IIASA）启动了为期 3 年的"欧洲和北亚土地利用/土地覆被变化模拟"项目，主要研究 1900—1990 年间该研究区域土地利用/覆被变化的时间特征、空间特征及产生的环境效应等，并对该区域未来一段时间内土地利用/覆被变化趋势进行预测。此后，很多国家也相继开展了各自的土地利用变化研究。具有典型代表性的国家及区域有北美地区、欧洲、日本等。其中北美地区主要从宏观的角度，对全球规模大尺度上的土地利用变化及环境变化等进行定性研究，包括土地利用时空变化、土地利用驱动力影响机制等；日本则侧重在土地利用变化研究的基础上，使用相关的数学模型和经济学模型进行定量研究；欧洲则主要从福利分析出发，在对土地资源与食品政策进行研究的基础上，构建相关研究模型并对未来的情景以及由此造成的自然环境与资源的改变进行模拟。

为了更好地分析土地利用变化情况，仅仅从数量特征上无法表征各组分的空间配置关系。因此，土地利用/覆被变化研究逐渐与景观格局研究相结合，以深刻揭示研究区土地利用景观格局变化的时空特征。流域尺度上土地利用变化与景观格局研究逐步受到关注，目前研究内容已相对比较成熟。该研究主要将流域景观作为一个整体，分析其范围内各自然与人为景观类型的占比变化和空间组合特征，强调景观格局整体性特征生态系统的时空变化。例如 Ahearn 等（2005）将美国加州 Cosumnes 流域划分为 28 个子流域，对 1999—2001 年河流总悬浮固体等与土地利用/覆被的关系进行了分析研究；Tu（2011）将美国一个面积为 10 000 km^2 的研究区域划分为 129 个小流域，在此基础上分析土地利用与水质之间的关系；Faith 等（2005）将美国 Santa Clara 流域分为多个子流域，分析景观指数与水质特征的相关性。

1.3.2　国内相关研究

20 世纪 90 年代以来，为响应联合国的倡导及配合全球环境变化人文因素计划（IHDP）等，我国于 1994 年制定了《中国 21 世纪议程》，并把"合理利用国土资源和实施可持续发展"作为我国现代化建设的基本战略之一。随后我国学者紧跟国际研究动态，开展了许多土地利用变化的监测、驱动力分析、生态环境效应等相关研究工作，取得了诸多成果。涉及的研究领域主要包括利用遥感影像对土地利用/覆被变化进行动态监测、构建土地利用/覆被驱动力影响机制以及建立模型对未来土地利用发展变化进行预测等。随后，伴随着全球变化研究的兴起，我国学者也开展了土地利用变化研究工作，形成了大量的研究案例。从研究区域来看，主要集中于经济发达的东部区域、北方农牧交错带等，早期的研究主要以土地利用转移矩阵为主，通过分析研究区土地利用转移矩阵来揭示不同土地利用类型的转移方向。例如史培军等（2000）利用 3 期不同年份的遥感影像，通过转移矩阵探讨了深圳市 15 年来土地利用变化的空间特征；庄大方等（2002）运用转移矩阵对北京市 1985—2000 年的土地利用变化进行分析，结果表明北京市 1985—2000 年期间林地、工矿用地及居民地之间相互转换较为频繁。此后，

[①]　国际科学联合会和国际社会科学联合会于 2018 年 7 月正式合并为国际科学理事会，英文全称为 International Science Council，简称 ISC。

随着3S技术的兴起,运用土地利用动态变化度(单一动态变化度、综合动态变化度)、土地利用程度指数、土地利用重心变化及土地利用强度指数等的不同模型对土地利用变化特征开展的研究日益增多。为了更好地揭示土地利用变化空间特征,应该将相关研究模型逐步与景观格局研究进行结合。国内学者从宏观尺度分析景观格局特征的研究已颇为成熟,常通过分析各类土地利用类型及其景观格局的时空变化特征来反映流域景观在宏观尺度上的变化规律。已有的研究常采用转移矩阵来分析各土地利用类型之间相互转换情况,通过计算各种具有不同生态学意义的景观格局指数(斑块个数、景观破碎化指数、多样性指数、聚合度、形状指数等)的大小来表征不同土地利用景观格局时空变化的特征与意义。宋艳暾等(2007)对深圳市1979—2003年景观格局时空变化进行了定量分析;郭泺等(2009)在快速城镇化发展背景下,对广州市景观格局时空分异特征进行了研究;陈奕兆等(2011)基于RS技术和GIS技术平台支持,利用景观格局梯度法分析了张家港市各土地利用类型的景观格局及时空变化特征。景观格局变化往往通过计算各种景观指数来实现,景观格局指数计算是研究区域景观格局变化中最常用的方法,且各种景观格局指数计算软件的出现为景观格局研究的迅猛发展创造了较好的条件,同时在已有的研究中,3S技术及数学模型等也发挥着重要的作用。目前,国内部分学者对流域土地利用与景观格局变化研究开始由单一尺度向多尺度转变、由分析某一要素向多要素综合分析转变。今后,流域景观格局的研究将成为综合生态学、地貌学、环境科学等多学科、跨学科的交叉研究。

1.4 研究方法

在研究与分析的过程中,笔者主要采用了GIS空间分析、对比分析、统计分析、数据分析与图形分析相结合、定性与定量分析相结合等方法(孙晓莉,2012)。

1. GIS空间分析

GIS技术强大的空间数据处理、分析功能使它成为土地利用变化的关键技术。首先,利用GIS技术将研究区各种研究数据形成基础数据图层,并进行空间格局分析和叠加分析,着重分析研究区土地利用现状的结构、规模以及布局等情况。其次,借助GIS技术强大的空间分析功能对研究区各个地类之间的相互转换进行分析,通过转移矩阵来探讨研究区各土地利用类型之间相互转换情况。

2. 对比分析法

对比分析法,即将某一个量作为基期量,将后期数据与基期数据进行对比,得到两者之间的变化差异,是借助变化差异分析变化原因的一种分析方法。笔者在研究过程中采用的是动态对比分析法,即将同一对象在不同时期的变化量和指标数值进行对比,从而分析变化的原因。

笔者将研究区2005年、2010年、2015年、2020年4期的土地利用矢量数据进行综合对比分析,以2005年数据作为基期量,2010年数据作为第一次变化的末期量,2015年数据作为第二次变化的末期量,2020年数据作为第三次变化的末期量。通过对两两变化量的对比及变化原因进行分析,可以明确时间长短对土地利用变化的影响程度。此外,通过4期数据3个时间段的景观格局指数相关指标变化分析研究区景观格局变化特征。同时,将4期数据综合对比分析贯穿整个研究过程。

3. 统计分析法

统计分析法指通过对研究对象各个要素进行统计、归纳和整理,明确研究对象各个要素的大小、数量、范围、分布等特征,再通过对特征的统计分析,进一步揭示研究对象之间存在的关系和规律。对研究区4期的各个地类进行统计,可明确各个地类在全区域范围内的数量和结构分布特征,为后期的土地利用变化动态分析做好基础数据准备。

4. 数据分析与图形分析相结合

笔者采用ArcGIS等作图软件绘制了研究区2005年、2010年、2015年、2020年土地利用现状图、地学信息图谱等结果图,采用Excel软件等同时对景观格局各指数分析结果进行分析。

5. 定性与定量分析相结合

笔者首先采用定量分析与GIS技术相结合的方法,从数量、布局、景观格局等方面对研究区土地利用现状进行了分析。在此基础上,通过GIS技术的叠加分析等空间分析功能,对研究区2005—2020年土地利用转移矩阵等进行分析,最后借助Fragstats 4.2软件对研究区景观格局进行分析。

主要参考文献

蔡海生,2013.大湖区域土地利用变化与生态管理——以鄱阳湖区为例[M].北京:机械工业出版社.

蔡庆华,2020.长江大保护与流域生态学[J].人民长江,51(1):70-74.

蔡运龙,李双成,方修琦,2009.自然地理学研究前沿[J].地理学报,64(11):1363-1374.

陈奕兆,黄家生,李建龙,2011.利用景观梯度法分析张家港市城市景观变化[J].生态与农村环境学报,27(1):104-108.

陈佑启,杨鹏,2001.国际上土地利用/土地覆盖变化研究的新进展[J].经济地理(1):95-100.

郭泺,杜世宏,薛达元,等,2009.快速城市化进程中广州市景观格局时空分异特征的研究[J].北京大学学报(自然科学版),45(1):129-136.

胡和兵,2014.城市化背景下流域土地利用变化及其对河流水质影响研究[M].合肥:合肥工业大学出版社.

林炳青,陈兴伟,陈莹,等,2014.流域景观格局变化对洪枯径流影响的SWAT模型模拟分析[J].生态学报,34(7):1772-1780.

刘保晓,黄耀欢,付晶莹,等,2012.天津港区土地利用时空格局变化与驱动力分析[J].地球信息科学学报,14(2):270-278.

刘丙军,朱振杰,等,2022.流域景观格局演变及其生态水文响应研究[M].北京:科学出版社.

刘茂松,张明娟,2004.景观生态学——原理与方法[M].北京:化学工业出版社.

刘全友,童依平,2003.北方农牧交错带土地利用现状对生态环境变化的影响——以内蒙古多伦县为例[J].生态学报(5):1025-1030.

路云阁,蔡运龙,2007.基于空间连续数据的小流域景观格局破碎化研究[J].国土资源遥感(2):60-64,100.

吕一河,陈利顶,傅伯杰,2007.景观格局与生态过程的耦合途径分析[J].地理科学进展(3):1-10.

马彩虹,2018.土地利用变换与生态系统服务权衡[M].北京:科学出版社.

倪绍祥,2005.土地利用/覆被变化研究的几个问题[J].自然资源学报(6):138-143.

尚琴,2014.景观生态规划中GIS技术的应用——以白鹿原为例[D].西安:西安建筑科技大学.

史培军,陈晋,潘耀忠,2000.深圳市土地利用变化机制分析[J].地理学报(2):151-160.

宋艳暾,余世孝,李楠,等,2007.深圳快速城市化过程中的景观类型转化动态[J].应用生态学报(4):788-794.

苏凯,王茵然,孙小婷,等,2019.基于GIS与RS的东北森林带景观格局演变与模拟预测[J].农业机械学报,50(12):195-204.

孙晓莉,2012.基于GIS的城乡建设用地结构调整与布局优化研究[D].昆明:昆明理工大学.

王怡憬,2017.GIS在景观中的应用——以潭獐峡项目为例[J].现代园艺(23):112-114.

王毅,2008.流域性环境问题变化与转型期流域政策取向[J].科技导报(17):19-23.

王震洪,蔡庆华,赵斌,等,2021.流域生态系统空间结构量化及其指标体系[J].地球科学与环境学报,43(1):135-149.

韦素琼,陈健飞,2006.土地利用变化区域对比研究:以闽台为例[M].北京:科学出版社.

邬建国,2007.景观生态学——格局、过程、尺度与等级[M].2版.北京:高等教育出版社.

吴刚,蔡庆华,1998.流域生态学研究内容的整体表述[J].生态学报,18(6):575-581.

肖寒,欧阳志云,赵景柱,等,2001.海南岛景观空间结构分析[J].生态学报(1):20-27.

杨海乐,陈家宽,2016.流域生态学的发展困境——来自河流景观的启示[J].生态学报,36(10):3084-3095.

杨英宝,江南,苏伟忠,2004.南京城市景观空间格局的变化分析[J].南京林业大学学报(自然科学版)(6):39-42.

张爱静,董哲仁,赵进勇,等,2012.流域景观格局分析研究进展[J].水利水电技术,43(7):17-20.

赵锐锋,姜朋辉,赵海莉,等,2013.黑河中游湿地景观破碎化过程及其驱动力分析[J].生态学报,33(14):4436-4449.

郑新奇,张春晓,付梅臣,等,2022.景观格局空间分析技术及其应用[M].2版.北京:科学出版社.

朱连奇,钱乐祥,刘静玉,等,2004.山区农业土地利用模式的设计[J].地理研究(4):479-486.

庄大方,邓祥征,战金艳,等,2002.北京市土地利用变化的空间分布特征[J].地理研究(6):667-674,801-803.

AHEARN D S,SHEIBLEY R W,DAHLGREN R A,et al.,2005. Land use and land cover influence on water quality in the last free-flowing river draining the western Sierra Nevada, California[J]. Journal of Hydrology,(313):234-247.

FAITH R, KEARNS N, MAGGI K,et al.,2005. A method for the use of landscape metrics in freshwater research and management[M]. Landscape Ecology,20(1):113-125.

LEE S W, HWANG S J, LEE S B, et al.,2009. Landscape ecological approach to the relationships of land use pattersn watersheds to water quality characteristics[J]. Landscape and Urban Planning,92(2):80-39.

TU J,2011. Spatially varying relationships between land use and water quality across an urbanization gradient explored by geographically weighted regression[J]. Applied Geography,31(1):376-392.

YANG Y, LI Z, LI P,et al.,2017. Variations in run off and sediment in watersheds in loess regions with different geomorphologies and their response to landscape patterns [J]. Environmental Earth Sciences,76(15):517-527.

YANG Z,2018. Watershed ecology and its applications[J]. Engineering,4(5):582-583.

ZHAO Y W, XU M J, YU L,et al.,2015. Identifying sensitive indices in the response of aquatic biota to landscape pattem changes: a case study of the Taizi river basin in North China[J]. River Research and Applications,30(8):1013-1023.

第2章　土地利用变化与景观格局相关的理论及方法

2.1　土地利用变化的理论与方法

2.1.1　土地的相关概念

1. 土地

1) 土地的定义内涵

目前，从土地管理的角度出发，学术界公认的土地定义为：土地是地球陆地表面由地貌、土壤、水文、气候、地质和植被等多要素组成的自然综合体，包括人类过去和现在的各种活动结果。土地的定义包括以下几层含义（张洪，2020）。

(1) 土地是综合体。组成土地的各要素在一定的时间和空间内，相互联系、相互作用、相互依存而组成具有一定结果和功能的有机整体。土地的性质和用途取决于全部构成要素的综合作用，而不取决于任何一个单独的要素。

(2) 土地是自然的产物。人类活动会引起土地各组成要素的性质发生变化，从而影响土地的质量和用途。

(3) 土地是地球表面具有固定位置的空间客体。土地具有立体的垂直剖面，包括地上层、地表层和地下层，其向上、向下的范围是当今人们利用土地的技术所能达到的范围。

(4) 土地是地球表面的陆地部分。海洋和陆地是地球表面的两大组成部分，有着明显区别的自然地理特征。陆地是突出于海平面以上的部分，包括内陆水域、海洋滩涂。将土地限定在陆地范围，是符合人们传统认知习惯的。

(5) 土地包括人类过去和现在的活动结果。人类活动影响土地的性质和用途，这种新的性质和用途与人类的活动结果密不可分，这些活动结果也是土地的重要组成部分。

2) 土地的特殊性

由于土地自身的特殊性，土地包括自然特性和经济特性。土地的自然特性是指不以人的意志为转移的自然属性；土地的经济特性则是指人们在利用土地的过程中，在生产力和生产关系方面表现的特性。

a. 土地的自然特性

(1) 土地面积的有限性。土地是自然的产物，在地球形成以后，地球决定了土地的总面积。它是一个固定的常数，既不会增加，也不会减少。人类虽然能够移山填海、扩展陆地、围湖造田、增加耕地等，但这仅仅是土地用途的变换，并没有增加土地的总面积。土地面积不是人类能够创造的，而是地球自然的产物。

(2) 土地位置的固定性。土地最大的自然特性是地理位置的固定性。尽管人们可以搬运一切物品，但只有土地是固定在地壳上的，占有一定的空间位置，无法进行移动，也不能互换。因此，人们把土地看作不动产的代表。

(3) 土地质量的差异性。由于地域、地理位置、社会经济条件和人类活动影响的差异，土地的构成要素（如土壤、气候、水文、地貌、植被和岩石等）的自然形状、结构和功能存在差异，最终表现在土地质量的差异上。

(4) 土地永续利用的相对性。土地是一种非消耗性资源，相对于消耗性资源而言，不会随着人们的使用而消失，而是在利用上具有永续性。只要人们在使用或利用过程中注意保护土地，维持土地功能，土地就可以年复一年地永远使用下去。如果土地利用不当或遭到破坏，那么土地就会丧失使用价值，造成土地荒芜和生产力下降。

b. 土地的经济特性

(1) 土地供给的稀缺性。土地面积的有限性和位置的固定性导致供给人们从事各种活动的土地面积和不同用途的土地面积是有限的，往往不能完全满足人们对各类用地的需求。土地的稀缺性所引起的土地供不应求现象，也引发了土地占有的垄断性和地租、地价持续升高等问题。

(2) 土地用途的多样性。土地具有不同的用途，不仅可以做农业用地、工业用地、居住用地，还可以做商业用地和交通用地等。由于这一特性，对一块土地的利用，常常同时产生两个以上用途的竞争，土地可能需要从一种用途转换为另一种用途。这种竞争常使土地用途趋于最佳和经济效益最大化，促使地价达到最高。

(3) 土地用途变更的困难性。土地在不同用途之间的变换，有时比较容易，但大多数情况下是较为困难的。比如：缺水宜林的山地，改种水稻就很难实现；工矿用地一旦形成，想改为农业用地则存在一定的困难。土地用途变更的困难性告诉人们，在编制土地利用规划和确定土地用途时，需要认真进行调查研究，进行充分的可行性论证，以便能够做出科学、合理的用地决策，杜绝主观随意性，否则可能会造成土地的损失和浪费。

(4) 土地效益的增值性。一般商品随着时间的推移总是不断地磨损直至报废，而土地这个特殊商品的投资效益不但具有可持续性，而且随着人口的不断增加和社会经济的不断发展，土地的投资效益还具有显著的增值性。因此，对土地的投资是风险最小的投资。

(5) 土地报酬递减的可能性。尽管土地具有增值性的特点，但由于"土地报酬递减规律"的存在，在技术不变的条件下对土地的投入超过一定限度，会产生报酬递减的后果。这就要求人们在利用土地增加投入时，必须寻找在一定技术、经济条件下投资的适合度，确定适当的投资结构，并不断改进技术，以便提高土地利用的经济效益，防止出现土地报酬递减的情况。

土地除了具有自然属性外，还具有重要的社会属性。人类在利用土地的过程中，总是反映出一定社会中人与人之间的某种生产关系，包括占有、使用、收益和分配的关系。土地的占有和使用关系在任何时候都是构成社会土地关系的基础，进而反映社会经济性质。土地的这种社会属性，既反映了土地分配和再分配的客观必然性，也是进行土地产权管理、调整土地关系的基本出发点。

土地的以上特性决定了土地既是一种重要且特殊的资源,也是一种基础性生产资料,使土地具有了为人类生存提供必需生产资料的养育功能、为生物及非生物提供场所的承载功能、存储人类生产资料的仓储功能、供人类使用产生经济效益的资产功能及供人观赏的景观功能。

2. 土地资源

资源是指在一定的技术经济条件下,能够为人类生产和生活所用的一切资料。土地可以粗略地分为两种类型:一类是可以利用的土地,如耕地、园地、林地、居民点用地等;另一类是未利用的土地,如荒漠、戈壁等。也就是说,只有能为人类生产和生活所利用的土地才称为资源。可见,土地资源的概念可以理解为:在当前和将来可预见的技术经济条件下,能为人类所利用的土地。土地资源是一个动态的概念,如目前利用极少或毫无用处的土地在将来随着科学的进步、社会的发展以及需求的多样化,可能会变为有用甚至是宝贵的资源;同样,目前已利用的土地由于利用不当,将来有可能也会变为毫无用处的土地。可以说,自然界几乎不存在不是资源的土地。因此,土地与土地资源之间的界限并不明显,两个概念经常混用。在我国,土地与土地资源的概念通常也是混用的,只是在特定的场合或习惯用法上稍有差别。

自然、社会经济状况的差异,导致各地土地资源的构成与分布有各自的特点。例如我国陆地面积约有 960 万 km^2,仅次于俄罗斯和加拿大,居世界第三位,但人均面积却不及世界人均面积的 1/3。我国的地形地貌类型有平原、盆地、丘陵、高原和山地等,它们的面积分别占全国土地总面积的 12%、19%、10%、26% 和 33%,这些地貌类型有着不同的自然特征,也造成了土地利用方式上的差异性。如耕地面积占全国土地总面积的 12.69%,分布很不均匀,90% 以上的耕地分布在东中部地区,最好的耕地主要分布在长江、黄河、黑龙江、珠江、淮河等流域,近 50% 的耕地分布在山区和丘陵地区,质量相对较差。园地则主要分布在城镇郊区、农民居住地和低丘陵缓坡区。

2.1.2 土地利用变化的相关概念

1. 土地利用

土地利用随着人类的出现而产生。随着对自然(土地)利用能力的提高,人类开始加大向大自然索取的力度,索取的领地从土地延伸到整个生物圈,大大加速了自然资源(土地资源)在经济过程中的消耗。随着工业化和城市化的发展,耕地质量不断退化,造成环境污染和破坏。目前,土地利用仍然是世界性社会经济问题。

人类社会发展离不开土地,没有土地就没有人类,与此同时,人类的土地利用活动使土地质量和土地利用方式均发生变化。随着社会经济发展,人类对土地的需求不断增长,这一现实状况要求人们依据土地质量状况协调安排各种用地,这个过程称为土地利用。因此,土地利用是指人类以一定的目的,根据土地的自然属性及其他特征,为满足人类生产生活和社会发展的需要对土地所进行的一种开发利用的手段,从而使得土地资源发生一定变化,进一步在土地开发利用中获取效益。

2. 土地利用动态变化

土地利用变化是全球变化研究的热点课题,其研究内容主要包括描述某一时间特定区域土地利用变化的基本过程,解释其变化的内在机制,预测未来的变化方向,进而进行科学合理的优化调控和综合管理。人类活动不仅影响土地的分布格局和生产力,有可能对后期的土地使用造成一定的影响,对整个社会的生态系统也会造成影响。土地在表面和深层次下所发生的变化均会影响人类发展和生存的自然基础,土地利用状态变化会导致生物多样性减少,同时也会导致气候发生变化,由于人类与环境关系密切,这些变化均关乎人类和自然资源的可持续发展。一个地区土地利用动态变化量的大小和多少可以反映出这个地区在一定时期内的土地利用发展情况。因此,土地利用动态变化是指在一定时期内,因受到自然因素和社会经济等因素的影响,而使土地的质量、数量、空间结构等要素属性在一定的时间和空间上发生的变化,是土地发展的必然规律,其变化与人类活动有着密切的联系。

3. 土地利用结构

土地是国民经济各部门重要的物质条件,各部门的生产活动都离不开土地,都是以占用一定面积的土地作为其活动范围。因此,国民经济各部门之间不但存在着经济上的结构和比例关系,而且其间也具有土地利用结构和比例关系。所谓结构是从静态方面反映一定时期内,同一总体中各部分所占的比重,表示在一个总体内部多元的对比关系;比例则从动态方面反映不同时期内同一总体中各部分动态变化的相互关系。从这个意义上讲,土地利用结构也称土地结构、土地构成。它是指一个国家、地区或生产单位的土地总面积中各种用地之间的比例关系或构成(孙晓莉,2012)。土地利用结构经常处于动态变化的过程当中,其变化不仅受自然因素的制约,同时也受人们自身改造自然的能力以及社会经济实力和科学技术水平的制约。土地利用结构反映了一个国家或地区土地资源可利用和已利用的程度以及开发利用的潜力情况等方面(严金明和邓晓川,2005)。一般可通过定量的形式来研究土地的内部结构,分析其结构的合理性程度。合理的土地利用结构是土地利用系统良性循环、达到土地利用最大效率的前提,若要实现土地资源供需平衡以及实现土地利用效率的最大化,优化土地利用结构是其有效的途径之一。

4. 土地利用布局

土地利用结构一经确定,应当以此结构在土地上加以布局,以全面实施土地资源的合理配置。土地利用布局是指不同的土地利用类型在其空间分布上的相应位置,但土地的各个类型在空间分布上又相互联系,共同构成了一定的空间组织形式(王镇,2005)。而耕地及各个地类的布局优化是为了解决各类用地之间的协调性问题,以可持续发展理论为方针,从土地利用布局调整等方面实现土地资源的节约集约、可持续以及有效利用。

5. 土地利用动态变化监测

土地利用动态变化监测是指运用遥感、土地调查等技术手段和计算机等设备,以土地详查的数据和图件作为本底资料,对土地利用的动态变化进行全面系统的反映和分析的科学方法。土地利用动态监测的目的在于及时、准确掌握土地利用状况(数量、质量、地价、效益等),为政府决策、各级土地管理部门制定管理政策和落实各项管理措施提供科学依据。土地利用动态变化监测可以保持土地利用有关数据的现势性,保证信息能不断得到更新;动态分析可以揭示土地利用变化的规律,为宏观研究提供依据。此外,还可以通过土地利用动态变化监测,对一些重点指标进行定时监控,设置预警界线,为政府制定有效政策与措施提供服务,并及时发现违反土地管理法律法规的行为,为土地监察等提供目标和依据。

2.1.3 土地利用变化的理论基础

1. 系统论

系统是由相互联系的若干要素共同组成的复合体。组成系统的元素称为子系统。一般情况下,一个复杂系统可以分为若干个子系统,系统与外界的环境共同组成一个相互包容的体系。

系统是物质世界的基本组成形式,是不断运动发展并处于一种动态平衡的状态。平衡是对立的方面在数量或质量上相等或相抵消的一种状态。例如,几个力同时作用在一个物体上,各个力之间相互抵消后,物体处于一种相对静止状态或匀速直线运动状态等。无论是土地系统内部的各个要素之间还是土地与人类社会之间,无论是城市土地系统还是乡村土地系统,都需要保持这种平衡的状态。

土地是其他一切资源的重要载体,是人类社会生存和生产等不可缺少的物质条件。土地是由地貌、土壤、岩石、气候、植被、水文等因子共同组成的系统,在人类长期的运动下形成的一个自然综合体,能与周围环境进行物质以及能量的交换。土地是一个开放的系统,不仅与外界不断地进行物质和能量的交换,而且在人类生产生活等活动的不断作用下发展演化,逐步形成一个复杂的自然—社会—土地—生态的复合系统。土地系统的各个子系统之间,既保持相对独立性又能在一定的条件下进行相互转化,是一个具有整体性、相关性、有序性以及动态性的复合系统。土地利用结构不同,产生的效应也不相同,应通过提高土地利用系统功能的效率来产生较好的结构效应。结构决定功能,不同尺度的土地系统结构应与其相应层次的系统功能对应(侯君,2007)。

2. 土地区位理论

区位是指人类行为活动的一定空间。具体而言,区位除了可解释为地球上某一事物的空间几何位置外,还可以强调自然界的各种地理要素和人类社会经济活动之间的相互联系以及相互作用在空间位置上的反映。总之,区位是自然地理区位、经济地理区位、交通地理区位在空间地域上进行有机结合的具体表现。它于19世纪20—30年代开始出现,主要以杜能提出的农业区位论为标志。从19世纪初期到20世纪40年代逐步形成了4个具有代表性的区位论,分别为杜能的农业区位论、克里斯泰勒的城市区位理论、韦伯的工业区位理论以及廖什的市场区位论。土地区位是由土地自身以及投入其中的资本数量和结构共同决定的,以土地自身的自然条件为基础,但往往同时受经济地理位置以及交通地理位置的影响,且与一定地域空间上的生产和生活的方便程度呈正相关性(刘吉伟和陈常优,2008)。

土地利用规划应以土地区位理论为指导,科学合理地确定土地利用的方向和结构,根据区域自身发展的需要,将一定数量的土地资源分配给农业、交通运输业、建筑业、工业以及商业等的不同部门,在一定数量投入的情况下取得尽可能多的产出(周雅雯,2008)。土地利用在进行具体布局时,应考虑当地的地形、土壤类型、气候以及交通水利等条件并以此来确定土地的适宜性类型,同时分析土地利用所产生的经济效益,寻找最佳的土地利用空间结构。

3. 可持续发展理论

可持续发展是从20世纪70年代人类开始全面总结自身的发展历程以及重新审视自己的社会经济行为之后,提出的一种全新的发展思想与发展模式(严志强和黄秋燕,2006)。可持续发展理论是研究某一区域土地利用结构调整与布局优化的重要理论之一。各个学科对可持续发展的定义有所不同。1987年,世界环境与发展委员会在题为《我们共同的未来》的报告中,将可持续发展定义为:"满足当代人需求的同时又不损害其子孙后代满足自身需要的能力。"从该定义可以看出,可持续发展的本质内涵主要包含以下4个方面:①实现代内公平和代际公平以及公平分配有限的资源;②人类经济和社会的发展不能突破资源和环境的承载能力范畴;③强调全世界共同发展;④任何一个国家的可持续发展都应以全球的可持续发展为总目标。中国政府于1994年发表了《中国21世纪议程——中国21世纪人口、环境与发展白皮书》,明确指出并具体规定了中国可持续发展的实施战略、对策以及相关行动方案,提出了"实施可持续发展战略,推进社会事业全面发展"。

可持续发展的理论核心是PRED系统,它是对人口(population)、资源(resource)、环境(environment)以及发展(development)四大要素进行耦合而成的人地关系的地域复合系统(刘英,2008)。在明确土地利用结构及景观格局变化等的过程中应综合考虑生态、社会以及经济3个方面的因素,在今后较长的时期内实现土地资源的可持续利用,使土地生产力能够持续稳定发展,保证土地资源的潜力,防止土地退化等现象发生,并追求经济效益、社会效益和生态效益的最大化。

4. 多目标协调论

从系统整体的角度来看,一个区域的土地利用结构必须具有综合协调的特点才能满足产业的平衡发展。协调的土地利用结构是实现土地资源可持续利用的必要条件。在保障协调的土地利用结构时应处理好土地需求的不断增加、土地利用经济效益的提高以及生态环境的保护三者之间的相互关系,满足人类生产、生活的基本需求,在保护生态环境的同时提高土地利用的经济效益和生态效益。

土地资源具有数量有限性和位置固定性的特点。随着社会经济的发展,土地需求量持续增加,土地利用结构越来越多样化。为了实现土地资源的可持续利用,应对土地利用结构和布局进行优化和协调,从而促进土地利用的经济效益和生态环境的良性发展。

土地利用规划是多目标的规划,其各个目标体系之间既相互联系、相互促进,又存在矛盾性。所以,在土地利用结构优化调整的过程中,多目标协调论是其基础理论之一。

5. 生态经济学理论

1866年德国动物学家Haeckle在《有机体普通形态学》一书中曾提出生态学是研究生物与无机以及有机环境之间相互关系的科学(曹月娥,2010)。地球上的所有生物与其环境的总和就是生态圈。生物与环境相互依存、相互影响。在一定的区域内,各个不可分割的生物整体构成了生态系统,生物圈是地球上最大的生态系统。生态系统在不断的发展以及演变过程中趋于相对平衡、稳定,即所谓的生态系统平衡。人类活动通过与生态系统的物质流、能量流以及信息流等不同程度地相互影响,进而达到生态系统的相对平衡。

20世纪50年代,为了缓解经济发展与维持生态平衡两者之间的矛盾,生态学与经济学开始相互渗透、影响、交叉,从而形成生态经济学。生态经济学从经济学的角度来研究生态经济复合系统的结构、功能以及演替规律等。土地是一个复杂的自然生态系统,不仅是人类赖以生存的基础和最基本的生产资料,并与气候、土壤、岩石、植被、水文、地形、地貌等构成了一个具有一定结构和功能的有机整体——土地生态经济系统,其内部各个影响因素都是相互联系、相互影响的,任何一个影响因素的变化都会直接影响到整个生态系统的功能。人们在合理、高效地利用土地资源时,应具备整体、全局以及系统观念,不能只考虑局部,而忽视土地资源利用的整体性。

土地利用结构调整不仅要注重生态效益、经济效益以及环境效益的整体性,而且在追求经济效益的同时应注重生态效益,实现生态和经济双效益的优化,即实现生态效益、经济效益的高度统一。在进行土地利用结构调整时可以参照土地生态系统的结构,土地生态系统的最佳结构主要是由土地生态系统的功能结构决定的。因此,应通过土地利用结构调整优化来进一步改善生态系统的功能,保护环境资源,防止土地利用结构变化导致环境污染的现象发生。

6. 人地协调理论

人地关系即人类与其赖以生存和发展的地球环境之间的关系,是指在人类出现以后地球上已经客观存在的主体与客体之间的关系。人类和自然界的协调发展是历史的必然,人类与自然界只有协调发展,才能保证经济社会持续稳定地发展。在人地系统中,自然环境本身是一个有机统一的整体。自然界是一个自组织系统,在不断提高其内部有序性的过程中获得整体性的发展。作为人地系统中的人,具有自然和社会两重属性,既是生产者,又是消费者;既是建设者,又是破坏者。从某种意义上讲,人类在人地系统中居主导地位。人的活动引起的变化已经远远超过自然原因所引起的变化。这些变化对人类社会系统来说,可能是有益的,也可能是有害的。在目前人类还不是很了解地球自然物质系统运动规律的情况下,必须尽量充分地估计自己行动的结果,从而做出趋利避害的最佳选择。

7. 系统工程理论

系统工程(system engineering)是系统科学的一个应用分支学科,是一门综合性组织管理技术。该学科以大型的复杂的系统为研究对象,并有目的地对研究对象进行规划、研究、设计和管理,以期达到总体最佳的效果。

系统是由相互作用和相互依赖的若干组成部分组合起来的具有某种特定功能的有机整体，而且其本身又是它所从属的一个更大系统的组成部分。系统工程方法论的特点是研究方法上的整体化、技术应用上的综合化、组织管理上的科学化。系统工程把对象系统看成一个整体，同时把研究过程也看成一个整体。如对于土地资源十分紧缺的地区，对于有限的土地资源如何分配给各个产业和部门，就需要从全局来协调考虑。

2.2 景观格局的理论与方法

2.2.1 景观格局的相关概念

1. 景观格局

单纯的土地利用变化分析虽能反映研究区土地利用变化的数量特征，但无法表征各组分的空间配置关系。因此，土地利用变化分析逐渐与景观格局研究相结合，以深刻揭示研究区土地利用景观格局变化的时空特征（郑新奇等，2022）。

景观格局一般指景观的空间格局（spatial pattern），是大小、形状、属性不一的景观空间单元（斑块）在空间上的分布与组合规律。景观格局是景观异质性的具体表现，分析景观格局要考虑景观及其单元的拓扑特征。目前，景观格局的分析多局限于二维平面，三维景观空间格局模型还很少见。景观格局分析的目的是在看似无序的景观中发现潜在的有意义的秩序或规律。景观格局的静态和动态研究通常借助各种景观指数实现。景观格局指数仍然是流域景观格局及其变化研究中应用最为广泛的方法。在已有的研究中，GIS、RS及数学模型等发挥着关键的作用。各种景观格局软件的出现为景观格局研究的迅猛发展提供了较好的条件。总的来说，景观格局分析仍然是景观生态学的重要内容之一，且土地利用研究逐渐与景观格局研究相结合。景观格局分析的最终目的是刻画格局与过程之间的相互关系，而定量分析研究区域的景观格局则是研究格局与过程关系的基础。

广义地讲，景观格局包括景观组成单元的多样性和空间配置（但有时也只用于表示景观的空间配置）。景观的异质性决定了景观空间格局研究的重要性。景观格局是景观异质性的具体表现，是自然、生物和社会要素之间相互作用的结果。种群动态、生物多样性和生态系统的一般过程都会不可避免地受到景观空间格局的制约或某种程度的影响。影响景观空间的因素大致有3种，即非生物的（物理的）、生物的和人为的。非生物因素和人为因素在各个尺度上均对景观结构的形成发挥作用，而生物因素通常只在较小的尺度上成为格局的成因。大尺度上的非生物因素（如气候、地形、地貌）为景观格局提供了物理模板，这种物理模板本身也具有空间异质性或不同的格局。生物因素和人为因素通常在此基础上相互作用，最终产生景观空间格局。由于地质、地貌等地理范畴方面的空间异质性变化是很缓慢的，对于大多数生态学过程来说可看作相对静止的，因此，这种物理性空间格局与生态学过程的关系主要表现为格局对过程的制约作用。

景观格局形成的原因和机制在尺度上往往是不同的。换句话说,不同因素在景观格局形成过程中的重要性随尺度而异。例如,温度和降水决定了全球主要植被类型的空间格局,而区域生态系统类型则主要受海拔和其他地形特征的影响。在小尺度上,捕食、竞争、植物和土壤之间的相互作用等生物学过程对空间格局的形成起着重要作用。总之,气候和地形因素通常决定景观在大范围内的空间异质性,而生物学过程则对小尺度上的斑块性有重要影响。

2. 景观类型

景观类型学研究景观的类型划分及景观分类的生态学原理,侧重于景观分类的理论基础研究。而单纯的景观分类是一种为了认识与讨论方便而进行的技术性工作。景观类型划分是掌握景观基本属性与功能的重要手段,也是景观评价、景观规划、景观管理的重要基础。为了揭示更多景观内在的内容,必须对景观系统各要素及其相互关系进行深入分析。景观系统分类是建立在对景观要素间相互有机联系的基础之上的,以景观过程作为景观分类的理论依据,强调研究景观的生态客体流发生的强度与范围。

景观分类的目的是研究景观空间格局、过程及其演化。一般来说,景观分类主要以景观的组成结构、过程、功能和变化等特征为依据,但对于各类特征在类型划分中的作用却可以有不同的理解。一般来说,景观的组成结构特征包括各个景观要素的类型、大小、形状、数量及相互之间的联系、空间格局以及景观的总体结构等。景观的过程特征是指发育中的自然过程、人类作用、景观要素之间的流动、植物的迁移;景观功能特征是指廊道的连通或障碍作用、斑块之间的相互作用、基质连接度、栅栏效应等;而景观的变化特征则是指景观随时间的变化、总体趋势、稳定性、持久性、抗性、恢复力和异质性及其机制等。总的来说,景观异质性是区分不同景观类型的最重要指标,景观生态过程则是把组成景观的各种要素结合在一起的重要机制,生态过程发生的范围与过程是确定景观边界的最重要依据。

景观系统分类一般按照实用性、综合性、区域共轭、相对一致性及等级性原则进行。主要的景观类型包括农业景观、城市景观、城郊景观、自然植被景观、管理景观等。

1) 农业景观

农业的发展过程在改变景观格局的同时,在很大程度上也改变了景观生态过程。农田的形成发展,不仅需要引入新的物种变化,同时也要满足人类的物质和精神需求。农业景观分为农田景观和耕作景观。

农田景观的形成意味着景观生态过程的改变。不同农业景观的形成,意味着不同农作方式、不同管理措施的存在和演变。一个景观的农业发展过程通常包括传统农业、传统农业与现代农业相结合、现代农业3个阶段。其中,传统农业是指零星分布有不规则形状的耕作嵌块体,与放牧休闲嵌块体相连接;传统农业与现代农业相结合是指除优质土上具有宽阔、持久、均质的嵌块体外,其他特征基本与传统农业相似;现代农业是指大面积的持久性均质地块的景观基质。

耕作景观主要是由种植的农田以及与之相连的村庄、树篱、道路、水塘等形成的景观。形成的主要图形具有线性和多边形特征。河流廊道由于常常被破坏,保持原形状的较少,并且与村庄相连或用于耕地的线状廊道分布较广。廊道网络通常占明显优势,所以基质的连接度较低。

2) 城市景观

城市是人类聚居生活的高级形式,也是经济、文化及交通聚散的枢纽,同时也是人类文明发展到一定阶段的产物。城市景观是随着人口快速增长和国民经济蓬勃发展而出现的。有学者将城市景观定义为:密集的建筑群及零星分布的人工管理公园等。早期的城市并不具有生产功能,仅仅是一个消费中心,且与周边相邻的农村构成一个单元。但随着人口不断增加及城市向周边地区的扩展,城市逐渐成为商业和贸易中心,且随着城市规模不断增大,城市景观包含大量的、规则的人工景观要素,如大楼、街道、文教区等。城市逐渐成为物质和能量聚集中心(刘茂松和张明娟,2004)。

城市景观主要由街道和市、区两种主要类型的景观要素构成,此外还包括零星分布的公园及其他不常见的景观特征。城市景观的结构通常包括同心圆模型、扇形模型、多核心模型3种类型。由于城市景观包含了大量的人工建筑物等,并由建筑物构成景观的基质,完全改变了原有的地面形态和自然景观,人类成为了城市景观中的生态组合,且随着城市大量商品的输出构成了城市景观的物质和能量流动的主导方向。

3) 城郊景观

城郊景观是指产业结构、人口结构和空间结构逐步从城市向农村特征过渡的地带,具有较强的异质性,是典型的生态脆弱带,交错分布有住宅区、商业中心、农田、人工植被和自然地段,具有空间结构不稳定、景观镶嵌度高的特点。

城郊景观围绕城市发展,与城市发展密切相关。在城郊景观中,由于线状廊道和网络不断增加,河流廊道不断减少,基质面积和连接度较小。城郊景观具有景观异质性高,生物多样性丰富,物质流、能量流及信息流等较为频繁,生态系统脆弱性和敏感性较高的特点(张国斌和李秀芹,2006)。同时,人口增加、城市化进程加快等因素使得郊区的土地利用方式和土地利用类型等不断改变,景观破碎性进一步加剧,城郊不安全性增加。

4) 自然植被景观

有学者将自然植被景观定义为没有被人类明显影响的景观。但这种自然植被景观只具有相对的意义,因为真正完全不受人类影响的景观较少。因此,对于此处所指的自然植被景观而言,人类的干扰没有改变自然景观的性质。自然植被景观主要是以自然要素为主导的景观之一,主要指人工植被(农田、果园、人工牧场等)以外所有的自然植被,以及生活在其中的各种生物和相应的物理环境所构成的具有一定组成结构和功能的整体,具有分布范围广泛、类型丰富的特点,在生态系统中发挥不可或缺的作用。无论是地貌过程所产生的景观特有性,还是生态过程产生的生物多样性,都具有很大的科学价值,一旦发生破坏将很难恢复,甚至对自然景观的不合理开发可能导致某一物种的灭绝。因此,在进行自然景观开发时,应相当慎重。自然景观中较为主要的干扰主要表现为局部的轻度放牧或零星开垦林地进行农作物种植等。

5) 管理景观

管理景观是指人类经过有目的地对自然景观进行经营活动所形成的景观。管理景观中的小村落等处处可见,管理要素的镶嵌度不断增大,出现了较多的干扰斑块。人类通过生产活动从景观中获得相关产品的同时,也不可避免地会对系统产生一定的破坏和影响,造成景观中物质养分流失。无论人类活动给自然景观带来的景观影响好或坏，在人类活动的不断干扰下，景观中的生物多样性总量会有所上升，尤其是外来物种种类可能会增加。如果人类活动对景观的破坏较为严重，景观中的自然基质破碎化程度较高，则景观的生物多样性水平将会出现明显下降。

3. 景观结构

景观结构是指不同生态系统或景观单元的空间关系，即指与生态系统的大小、形状、数量、类型及空间配置相关的能量、物质和物种分布。景观空间结构的研究，首先是对个体单元空间形态、分布总体形式的考察。这种总体形式虽然复杂多样，但却有一定规律。从空间形态、轮廓和分布等基本特征入手，可以区分出斑、廊、基、网和缘5种空间类型。斑又称斑块、拼块、嵌块体等，指不同于周围背景的非线性景观生态系统单元。廊又称廊道，是指线形或带形的景观生态系统空间类型。基又称基质，是一定区域内面积最大、分布最广且优质性很突出的景观生态系统，往往表现为斑、廊等环境的背景。网又称网络，是指在景观中将不同的生态系统相互连接起来的一种结构。缘又称过渡带、脆弱带、边缘带等，是指景观生态系统之间有显著过渡特征的部分。景观生态系统在地球表层上的渐变特征，是缘的发生基础。从空间角度看，缘所占面积比重小，边界形态不确定，但其特殊的空间位置决定了它具有可替代概率大、竞争程度高、复原概率小、抗扰能力弱、空间运移能力强、变化速度快，是非线性关系的集中表现区、非连续性的显现区及生物和功能多样性区等一系列独特的性质。下面对5种景观类型分别进行论述分析。

1) 斑块

斑块是指依赖于尺度的，在性质上或者外观上与周围环境（基质）不同的空间实体（邬建国，2007）。从广义上来说，斑块可以是有生命的和无生命的；从狭义上来说，斑块是指动植物群落。不同斑块的起源和变化过程不同，它们的大小、形状、类型、异质性以及边界特征变化较大，因而对物质、能量、物种分布和流动产生不同作用。斑块具有空间的非连续性和内部均质性的特点，若将斑块定义为一种可直接感观的空间实体，则更便于实际测量和比较研究。斑块的类型主要包括以下几种。

(1) 残留斑块。由大面积干扰所造成的、局部范围内幸存的自然或半自然生态系统或其片段。

(2) 干扰斑块。由局部性干扰造成的小面积斑块、干扰斑块和残留斑块。它们在外部形成上似乎有一种反正对应关系。例如，发生森林火灾后留下的小片植被，在林区和草原林区都比较常见。

(3) 环境资源斑块。环境资源条件在空间分布的不均匀性造成的斑块。例如沙漠中的绿洲、火山口处的天池、海洋中的岛屿等。

(4) 人为引入斑块。由人们有意或无意地将动植物引入某些地区而形成的局部性生态系统。这实际上也是一种干扰斑块，因其分布面广、量大且影响深远，可单列一类，主要包括种植斑块和聚居斑块。

(5) 再生斑块。在先前被干扰而遭破坏的地段上再次出现的生态系统，在形式上与残留斑块类似。

（6）短生斑块。环境条件短暂波动或动物活动引起的持续期较短的斑块。

景观中斑块面积的大小、形状以及数目对生物多样性和各种生态学过程均有不同程度影响。一般而言，斑块内的物种多样性、能力大小随着斑块面积的增加呈非线性增加。但除面积以外的景观特征对物种和能量的影响也十分重要。在现实景观中，各种大小的斑块往往同时存在，具有不同的生态学功能。斑块的结构特征对生态系统的生产力、养分循环和水土流失等过程都具有重要影响。例如，景观中不同类型和大小的斑块可导致生物在数量和空间分布上的不同。斑块的空间构型对干扰的扩散也具有重要作用，且与干扰间存在一种负反馈机制。相邻的类似斑块越多，干扰就越容易扩散，斑块越少；反之，斑块越少，干扰越不容易扩散，斑块越容易发育。一般而言，斑块越小，越容易受到外围环境或基质中各种干扰的影响。而这些影响的大小与斑块的面积、形状和边界特征有关（肖笃宁等，2006）。

2）廊道

廊道是不同于两侧本底的狭长地带，可以看作一个线状或带状斑块。廊道可以是一个独立的带，例如公路、河道等，但也经常与相似组合的斑块相连，再如某些更新过程中的带状采伐迹地。几乎所有的景观都会被廊道分割，同时又被廊道连接在一起。此外，廊道还具有其他重要功能。廊道是景观的重要结构成分，对于景观美学特征、景观生态过程和功能都具有重要作用，甚至是不可替代的作用，在景观规划设计中常常是不可或缺的部分（郭晋平和周志期，2007）。

a. 廊道的形成

廊道的形成与斑块分类相似，根据形成原因，廊道可以分为干扰型、残留型、环境资源型、再生型以及人为引入型等不同类型。带状干扰可以产生干扰廊道，例如带状采运作业、铁路和动力线的修建；来自周围本底线上的干扰产生残留廊道，例如森林采伐之后留下的林带、穿越农田的铁路两侧的天然草原带等；环境资源在空间上的异质性产生环境资源廊道，例如河流等；人为引入廊道，主要为种植廊道、防护林带、穿越郊区的高速公路等，这些都是人类种植形成的廊道。

b. 廊道的类型

目前，人们经常直观地将廊道宽度分为线状廊道和带状廊道，但更多的是根据廊道本身的属性来认识廊道，其中研究相对较多的为河流廊道和树篱廊道。

（1）线状廊道和带状廊道。在景观研究中，线状廊道和带状廊道的本质差异是廊道的宽度。线状廊道很窄，主要是由边缘物种组成的狭长条带，包括道路、铁路、堤坝、沟渠、动力线、树篱、草本植物或灌木带等。而带状廊道一般是指较宽的带状景观要素，有一定的内部环境，内部物种相对较为丰富，例如高速公路、河岸带等。

（2）河流廊道。河流廊道是指河流及其两侧分布的、与周围本底不同的植被带，包括河流边缘、河漫滩、堤坝及部分高地等。河流廊道的宽度随河流的大小和水文特征的变化而变化，其生境特点表现为水分丰富、空气湿度高及土壤肥力较高等。河流廊道具有控制水流和营养流的功能，一般宽阔的河流廊道内水质较好，河流中沉积物和悬浮颗粒含量较低。河流廊道不仅控制着河水以及从周围陆地进入河流的物质运动，也影响着河流自身的运输。

c. 廊道的功能

廊道的主要功能可以归纳为：①作为生境(栖息地)，为物种提供适宜的物种栖息地；②作为传输通道，是动植物的迁移通道，是人类及物质的运输通道；③过滤和屏障作用；④作为能量、物质和生物的源与汇。

(1)生境功能。线状廊道和带状廊道都可以提供特殊的生境，对维护生物多样性和景观多样性具有十分重要的意义。例如河岸的植被带等廊道在促进个体扩散以及有效保持复合种群等方面发挥着十分重要的作用。

(2)传输通道功能。廊道最为明显的功能是作为景观生态流的通道和传输功能，如河水沿河道流淌，车辆、行人等沿道路前行。动植物以及其他物质随植被或河流廊道在景观中运动。而铁路、公路等则是重要的人工运输通道。这些功能主要表现在对沿廊道纵向运动的过程中产生的作用。

(3)过滤和屏障功能。廊道对景观中的能量、物质及生物流等具有过滤、阻碍、截流及屏障的作用，这些作用统称为过滤和屏障功能。比如人们种植灌木、树篱的主要目的是保护农田和房屋，防止动物侵入，而河流廊道的树木对水分和养分等发挥着十分重要的过滤作用。

(4)物种源与汇功能。河岸带和树篱防护林带等廊道，一方面具有较高的生物量，对景观中其他组分起到源的作用；另一方面也阻截和吸收来自农田水土流失的养分及其他物质，从而实现汇的作用。

3)基质

基质是景观中出现面积最大、流通性最好的景观要素类型，在景观功能上发挥着重要作用。例如，在以农业为主的景观中，大片农田是基质，但作为斑块的居民区以及各种廊道等镶嵌其中。实际上，这也说明了基质通常具有比廊道、斑块这两种景观单元更高的连续性，许多景观的总体动态常常受基质支配。不同土地类型的景观，其主要景观要素类型所占比例和连续性均不同。在实际工作中，确切地将廊道和斑块进行区分是比较困难的，往往需要结合研究的具体问题和对象来进行考虑，因为许多景观中并没有在面积上占绝对优势的植被类型或土地利用类型。此外，在对景观结构单元进行划分时，往往需要考虑研究或观察的尺度。总的来说，基质可以看作景观中占主导地位的斑块，包括许多所谓的廊道其实也可看作狭长地带。

4)网络

在景观中，廊道之间相互交叉形成网络，从而使廊道、斑块和基质之间的相互作用更加复杂化。道路、河流等均可形成网络。不同网络上的移动物体、网格大小等均在区域尺度上对生态进程产生非常重要的影响。

网络通常由节点和连线及其本底组成，节点出现在连线相交的地方，或两个交叉节点的连线上。网络具有一些独特的结构特点，例如网络密度、网络连接度以及网络闭合性，网络的功能与廊道相似，但与基质作用的关系更加密切。这里的网络密度是指单位面积的廊道数量，网络连接度是指廊道相互之间的连接程度，网络闭合性是指网络中廊道形成闭合回路的程度(郑新奇等，2022)。

5)生态交错带

景观各要素之间的空间联系方式有网络结构和生态交错带两种。在前面的内容中讲到,斑块之间可通过廊道实现空间生态连接。生态交错带是景观要素之间相互联系的另一条重要途径,在景观生态研究与管理实践中具有重要的意义。生态交错带也称为生态过渡带,是指不同景观斑块空间邻接而产生与斑块特征不同的边缘带。生态交错带主要受以下因素影响(余新晓等,2006)。

(1)稳定性:生态交错带的抗干扰能力。

(2)波动:生态交错带被干扰后的恢复能力。

(3)能量:生态交错带的生产力,生态交错带可与邻接生态系统进行物质和能量交换。

(4)功能差异:生态交错带与邻接生态系统功能差异的程度。

(5)通透性:生态交错带对流的通透能力。

(6)对比度:相邻生态系统间差异与突发性变化程度,用以度量水平方向两个极端水平之间的差异程度。

(7)功能通道:所有生态系统间生态流流动都通过生态交错带,并受其影响使流速和流向发生改变,起着流通渠道的作用。

(8)过滤器或屏障作用:生态交错带在生态流流动中就像半透膜,发挥着过滤器的作用。

(9)源:生态交错带在景观生态系统生态流流动中,为相邻生态系统提供能量、物质和生物有机体,在各种驱动力作用下,引导生态流自交错带向相邻生态系统的净流动,起到源的作用。

(10)汇:与源的作用刚好相反,是生态交错带对物体、物质吸收积累的效应。

(11)栖息地:生态交错带可看作边缘物种的栖息地。含有相邻系统的内部物种以及需要两个及以上生境条件的物种。

生态交错带的功能主要体现在对生态系统间生态流的影响,即对流速和流向施加控制,并不是被动的影响。由于相邻景观要素间存在差异性,其能量、物质、有机体等生态流往往沿着压力差的方向进行流动。因此,相邻景观要素之间差异越大,生态流的流动速度越大;反之,相邻景观要素之间差异越小,生态流的流动速度越小。

2.2.2 景观格局的理论基础

1. 景观整体性与异质性原理

景观整体性和异质性是景观研究的基础。

1)景观异质性原理

(1)异质性一般定义为由不相关或不相同的组分构成的系统。景观由异质要素组成,这是景观的结构特征。景观异质性主要来源于自然干扰、人类活动和植被的内源演替,体现在景观的空间结构变化及时间变化上。

(2)空间异质性是指某种生态学变量在空间分布上的不均匀性及复杂程度。景观空间异质性有3个组分:空间组成(生态系统的类型、数量、面积比例)、空间构型(各生态系统的空间分布、斑块形状、大小、景观对比度、景观连通性)、空间相关(各生态系统的空间关联程度、整体或参数的关联程度)。

(3)景观异质性的层域关联及实际意义。景观强调空间异质性的层域特征,即某一层域的异质空间内部,比其小一层域的空间单元可看成是同质的。随着研究的空间单元面积增大,其内部的空间异质性增加,各个单元内所组成的景观异质性降低(苏伟忠和杨英宝,2007)。

2)景观整体性原理

景观是由景观要素有机联系组成的复杂系统,具有等级结构、独立完整结构,并具有相应的生态学、经济学和社会学功能。景观是具有明确边界且在空间上可辨识的地理实体。

2. 景观研究的尺度性原理

尺度是指对某一研究对象或现象在空间上或时间上的量度,可用分辨率或范围来描述。景观研究一般从空间、时间角度看,而特定的问题必然会对应相应的时间和空间尺度,当揭示成因机制时则会从更小的尺度进行研究,当研究综合变化过程时则会从更大的尺度进行研究,并确定控制途径。需注意,在一定的空间和时间尺度上得出的研究结论不能简单地应用到其他尺度上。

格局与过程研究的时空尺度变化是目前景观研究的热点之一,尺度分析和尺度效应对于景观研究具有非常重要的意义。尺度分析一般是指将小尺度上的斑块格局经过重新组合从而在较大尺度上形成空间格局的过程,同时也伴随着斑块形状规则化和景观异质性的减小。尺度效应表现为随尺度的增大,景观表现出不同类型的最小斑块,且最小斑块面积逐步减少。时空尺度具有对应性和协调性,通常研究区域越大,相关的时间尺度越长。生态系统在小尺度上常表现为非平衡特征,而在大尺度上则表现为平衡特征。景观系统可以将景观要素的局部不稳定性通过景观结构等加以吸收或转化,使景观整体保持动态镶嵌稳定结构(傅伯杰等,2001)。系统的尺度性与系统的可持续性具有较为密切的关系,小尺度上的某一干扰事件可能会导致生态系统出现激烈波动,而在大尺度上的这些波动可通过各种调节反馈过程被吸收或转化,可以为系统提供更大的稳定性。

大尺度空间过程包括土地利用、土地覆被变化、生境破碎化、区域气候变化及流域水文变化等,其对应的时间尺度是人类的世代(几十年),即"人类尺度"。大尺度空间是分析景观建设和管理对景观格局过程影响的重要视角。

3. 景观结构与功能关系原理

景观结构是生态客体在景观中异质性分布的结果,景观中生态客体的运动将直接导致景观结构发生变化。景观结构一旦形成,构成景观要素的大小、形状、类型等生态客体的运动特征将产生直接或间接的影响,从而导致景观功能发生变化。

景观结构与景观格局并不是完全相同的概念,景观结构一般是指景观的空间特征和非空间特征(例如景观要素的类型、面积占比等);景观格局一般是指其空间格局,即大小和形状各异的景观要素在空间上的排列和组合,包括景观单元的类型、数目及空间分布与配置。但现阶段的景观研究方面的文献并没有对景观结构和景观格局进行严格区分。

景观的功能与结构相辅相成,实现一定的景观功能往往需要有相应景观结构的支持,同时也受景观结构特征制约,而景观结构的形成和发展又受到景观功能影响,两者相互影响。

4. 景观格局与过程关系原理

景观格局一般是指空间格局,即大小和形状各异的景观要素在空间上的排列和组合。景观格局既是景观异质性的具体体现,又是各种生态过程在不同尺度上作用的结果,已形成的景观格局对过程具有控制作用,这是景观格局与过程之间的基本关联。

景观格局与过程关系大多是复杂的,表现为非线性关系、多因素综合反馈、时滞效应,即一种格局对应多种过程的现象等,这也是景观学研究的热点问题之一。景观空间格局的不同形态与组合的生态学意义不同,关于这些景观格局与过程的关系原理,有学者提出了景观学的一般原理,在此基础上总结了斑块原理、边缘原理、廊道和连接度原理及镶嵌体原理等,并以此阐明了景观格局与功能关系的原理。

2.3　土地利用变化与景观格局研究方法

2.3.1　土地利用动态变化度分析

土地利用动态变化度分析是指在一定时期内各种土地利用类型在利用方式上所产生变化量的大小,即土地利用变化幅度的大小。土地利用动态变化度在一定程度上可以反映出土地利用方式和利用结构上的变化,根据土地利用动态度变化量可以预测和判定土地资源在未来的发展趋势。土地利用动态变化度既可以表示土地利用动态变化数量,又可以表示土地利用速度(童李霞等,2007)。

1. 单一土地利用动态变化度

单一土地利用动态变化度是指研究区域在某个时间段内一种或几种土地类型所发生的变化情况。根据单一土地利用动态变化度可以分析得出某一种土地类型在某个时间内的变化情况,再根据变化量的大小去分析其变化速度和预测其在未来的变化情况(苏玉燕,2008)。单一土地利用动态变化度计算公式为

$$K = \frac{U_b - U_a}{U_a} \times \frac{1}{T} \times 100\% \tag{2-1}$$

式中:K 为单一土地利用动态变化度,指在 T 时段内研究区域某个土地类型的动态变化度(变化度的大小),用百分比表示;U_a 为研究区域某个土地类型的基期量(初期量);U_b 为研究区域某个土地类型的末期量;T 为研究区域的时间间隔(时间间隔长度)。在一般情况下,计算土地利用动态变化度均是将 T 的单位设置为"年",即计算的是研究区域某个土地类型的年动态变化度。

2. 综合土地利用动态变化度

综合土地利用动态变化度是指在一定时间段内土地利用变化的强弱程度,包括土地资源与人类社会经济活动之间在物质、能耗等方面的强弱程度。其计算公式为

$$L_{\text{C}} = \left| \frac{\sum_{i=1}^{n} \Delta S_i}{2\sum_{i=1}^{n} S_i} \right| \times \frac{1}{T} \times 100\% \tag{2-2}$$

式中:L_{C} 为 T 时间内综合土地利用动态变化度;ΔS_i 是指在 T 时间段内,第 i 类土地类型的面积转化为其他土地类型的面积绝对值(即某种土地类型在 T 时间内其初期和末期面积变化量的绝对值);S_i 为土地利用基期开始时第 i 类土地类型的利用面积(在 T 时间段内某一种土地类型的基期面积);T 为间隔时间量(研究时间长度)。

2.3.2 景观格局指标选取

景观格局指标是定量分析土地利用格局的重要方法,使测度空间格局与生态过程之间的关联性成为可能。从 20 世纪 80 年代开始,大量的景观格局指标被提出和用于描述不同尺度的土地利用格局的特征,但指标的相关性和冗余性及尺度效应一直受到学术界的广泛关注。选择合适的景观格局指标,既能够全面反映景观格局信息,又能够降低指标的冗余度,是景观格局研究的重要共识。

笔者通过借鉴前人相关研究,主要从景观水平和类型水平两个层次上选取景观格局指标进行土地利用景观格局分析(林伊琳等,2019)。选取的景观格局指标具体如下。

1. 斑块类型面积[total(class) area,CA,表示为 S_{CA}]

斑块类型面积是指某一斑块类型中所有斑块的面积之和,用于描述景观的组成结构。通过各要素的面积,可以分析景观的组成成分及各成分所占的比例。其计算公式为

$$S_{\text{CA}} = \sum_{j=1}^{n} a_{ij} \left(\frac{1}{10\,000} \right) \tag{2-3}$$

式中:a_{ij} 为斑块 ij 的面积,斑块类型面积相当于把某一斑块类型的所有斑块的面积求和,然后除以 10 000 将单位转化为 hm²,其取值范围为 $S_{\text{CA}} > 0$。当 S_{CA} 逐渐接近零时,说明该斑块类型在景观中越来越稀少;当 $S_{\text{CA}} = S_{\text{TA}}$(景观面积)时,说明景观仅由一种类型的斑块构成。

2. 斑块类型占景观面积的比例(percent of landscape,PLAND,表示为 P_{PLAND})

p_i 就是某一斑块类型的面积与景观总面积的比值,再乘以 100 将单位转化为百分比,其取值范围为 0~100。当其值越接近于零时,说明该斑块类型在景观中分布越来越稀少;当取值为 100 时,说明景观由一种类型的斑块构成。斑块类型所占景观面积的比例(P_{PLAND})度量是景观的组分,在斑块级别上与斑块相似度指标(Landscape similarity index,简称 LSIM)的意义相同。由于计算的是某一斑块类型占整个景观面积的相对比例,因而它是分析景观中优

势景观元素的依据之一,也是决定景观中的生物多样性、优势种和数量等生态系统指标的重要因素。

$$P_{\text{PLAND}} = p_i = \frac{\sum_{j=1}^{n} a_{ij}}{A} \times 100 \qquad (2-4)$$

式中：a_{ij} 为斑块 ij 的面积；p_i 为斑块类型 i 的面积占整个景观面积的比例；A 为整个景观的面积。

3. 最大斑块面积指数(largest patch index, LPI, 表示为 L_{LPI})

L_{LPI} 就是用某一斑块类型中的最大斑块面积,除以整个景观面积,然后乘以 100 将单位转化为百分比。其实就是最大斑块面积占整个景观面积的比例。其取值范围为 $0 < L_{\text{LPI}} \leqslant 100$。当值接近于零时,说明这种斑块类型中最大斑块的面积越小;当值等于 100 时,说明整个景观由一个斑块构成。最大斑块面积指数(L_{LPI})有助于确定景观的优势类型,其值的大小决定着景观中的优势种、内部物种的丰度等。此外,其值的变化可以改变干扰的强度和频率,反映人类活动的方向和频率。其计算公式为

$$L_{\text{LPI}} = \frac{\max(a_{ij})_{j=1}^{n}}{A} \times 100 \qquad (2-5)$$

式中：a_{ij} 为斑块 ij 的面积；A 为包括景观内部背景在内的景观总面积。

4. 斑块个数(number of patches, NP, 表示为 N_{NP})

斑块个数是指某一景观或者斑块类型中所有的相关斑块数目,反映斑块破碎程度。斑块个数即斑块的总数。斑块个数(N_{NP})主要反映景观的空间格局,经常被用来描述整个景观区域的异质性,其值的大小与景观破碎度有较好的关联性。其计算公式为

$$N_{\text{NP}} = n_i \qquad (2-6)$$

式中：n_i 为景观中斑块类型 i 所包含的斑块数量,取值范围为 $N_{\text{NP}} \geqslant 1$,当 $N_{\text{NP}} = 1$ 时,说明整个景观中该类型斑块只有 1 个。

5. 斑块密度(patch density, PD, 表示为 ρ_{PD})

斑块密度是指每平方千米的斑块数量。斑块密度的大小直接反映景观的破碎程度。斑块密度取值大于零。其计算公式为

$$\rho_{\text{PD}} = 10^6 \times \frac{n_i}{A} \qquad (2-7)$$

式中：n_i 为景观中斑块类型 i 所包含的斑块数量；A 为景观总面积,包括景观内部存在的背景面积。当 $\rho_{\text{PD}} > 0$,受栅格尺寸限制,但每一个栅格代表一个独立的斑块时,ρ_{PD} 取最大值。

6. 平均斑块面积(mean patch size, MPS, 表示为 S_{MPS})

平均斑块面积(S_{MPS})是反映景观异质性的关键,能够反馈更丰富的景观生态信息。其计

算公式为

$$S_{MPS} = 10^6 \times \frac{A}{N} \tag{2-8}$$

式中:A 为景观总面积;N 为斑块数目,其取值范围大于零。S_{MPS} 可以指征景观的破碎程度,如我们一般认为在景观级别上一个具有较小 S_{MPS} 值的景观比一个具有较大 S_{MPS} 值的景观更破碎,同样在斑块级别上,一个具有较小 S_{MPS} 值的斑块类型比一个具有较大 S_{MPS} 值的斑块类型更破碎。

7. 平均斑块分维数(mean patch fractal dimension,MPFD,表示为 F_{MPFD})

平均斑块分维数(F_{MPFD})反映了空间尺度范围内的形状复杂性。其计算公式为

$$F_{MPFD} = \frac{2\ln(P_{ij}/4)}{\ln(a_{ij})} \tag{2-9}$$

式中:F_{MPFD} 为平均斑块分维数;P_{ij} 为斑块 ij 的周长;a_{ij} 为斑块 ij 的面积。F_{MPFD} 值越大,表明斑块形状越复杂,F_{MPFD} 指标值没有单位,其取值范围为 1~2,$F_{MPFD}=1$ 代表形状最简单的正方形斑块;对于一个二维斑块来说,当 $1<F_{MPFD}<2$ 时,说明它已经脱离了规则几何形状(形状复杂性增加),$F_{MPFD}=2$ 表示等面积下周边最复杂的斑块。

F_{MPFD} 是反映景观格局总体特征的重要指标,在一定程度上也反映了人类活动对景观格局的影响。一般来说,受人类活动干扰小的自然景观的分维数值高,而受人类活动影响大的人为景观的分维数值低。应该指出的是,尽管分维数指标被越来越多地运用于景观生态学的研究,但由于该指标的计算结果极其依赖于空间尺度和格网分辨率,因而我们在利用 F_{MPFD} 指标来分析景观结构及其功能时要更为审慎。

8. 平均邻近度指数(mean proximity index,MPI,表示为 P_{MPI})

在进行平均邻近度指数计算时,需要先设定相应的搜索半径。其计算公式为

$$P_{MPI} = \sum_{g=1}^{n} \frac{a_{ijs}}{h_{ijs}^2} \tag{2-10}$$

式中:a_{ijs} 为斑块 ijs 的面积;h_{ijs}^2 为斑块 ijs 到同类型斑块的最近距离的平方。给定搜索半径后,P_{MPI} 在斑块级别上等于斑块 ijs 的面积除以斑块和同类型斑块的最近距离的平方;P_{MPI} 在景观级别上等于所有斑块的平均邻近指数。$P_{MPI}=0$ 说明在给定搜索半径内没有相同类型的两个斑块出现。P_{MPI} 的上限是由搜索半径和斑块间最小距离决定的。

P_{MPI} 能够度量同类型斑块间的邻近程度以及景观的破碎度。P_{MPI} 值小,表明同类型斑块间离散程度高或景观破碎程度高;P_{MPI} 值大,表明同类型斑块间邻近度高,景观连接性好。研究证明,P_{MPI} 对斑块间生物种迁徙或其他生态过程进展的顺利程度都有十分重要的影响。

9. 聚合度(aggregation index,AI,表示为 A_{AI})

聚合度考察了每一种景观类型斑块间的连通性,取值越小,景观越离散;反之,取值越大,景观越聚集。其计算公式为

$$A_{AI} = \left(\sum_{i=1}^{m} \frac{g_{ij}}{\max \rightarrow g_{ij}} \right) \times 100 \tag{2-11}$$

式中：g_{ij} 为基于单倍法的斑块类型 i 像元之间的节点数；$\max \rightarrow g_{ij}$ 为基于单倍法的斑块类型 i 像元之间的最大节点数；A_{AI} 等于 g_{ij} 的实际值除以该类型最大限度聚集在一起时的 g_{ij} 最大值。A_{AI} 的取值范围为 0～100，随着聚集程度不断增强，A_{AI} 的值也不断增大，当某一斑块类型的破碎程度达到最大化时，$A_{AI}=0$；当该斑块类型聚集成一个紧实的整体时，$A_{AI}=100$。A_{AI} 考察了每一种景观类型斑块间的连通性，取值越小，景观越离散；反之，取值越大，景观越聚集。

10. 斑块形状指数（I_{SHAPE}）

斑块形状指数通过计算某一斑块形状与相同面积的圆或正方形之间的偏离程度来测量其形状复杂程度。斑块的形状越复杂或越扁长，I_{SHAPE} 越大。

$$I_{SHAPE} = \frac{P_{ij}}{2\sqrt{\pi a_{ij}}} \quad \text{（以圆为参照几何形状）} \tag{2-12}$$

$$I_{SHAPE} = \frac{P_{ij}}{4\sqrt{a_{ij}}} \quad \text{（以正方形为参照几何形状）} \tag{2-13}$$

式中：P_{ij} 为斑块 ij 的周长；a_{ij} 为斑块 ij 的面积。形状指数没有单位，其取值范围为 $I_{SHAPE} \geqslant 1$。当 $I_{SHAPE}=1$ 时，说明斑块最大限度地聚合在一起（如呈正方形或接近正方形），随着形状越来越不规则，它的值无限增大。

11. 边缘密度（edge density，ED，表示为 ρ_{ED}）

景观边缘密度是景观要素斑块形状及斑块密度的函数，反映景观中异质斑块之间物质、能量、物种及其他信息交换的潜力及相互影响的强度。

其计算公式为

$$\rho_{ED} = \frac{\sum_{k=1}^{m} e_{ik}}{A} \times 10\,000 \tag{2-14}$$

式中：e_{ik} 为景观中相应斑块类型的总边缘长度；A 为景观总面积。ρ_{ED} 等于总边缘长度除以景观总面积乘以 10 000。ρ_{ED} 的单位是 m 或 hm²，取值范围 ρ_{ED} 大于或等于零。当 $\rho_{ED}=0$ 时，表明景观中没有类型边缘，即整个景观和景观边缘（如果存在）都由相关斑块类型组成。

12. 景观分离度（division，表示为 $D_{DIVISION}$）

景观分离度（$D_{DIVISION}$）是指从景观中随机选择两个像元且这两个像元不在同一斑块中的概率，即表示某一景观类型中不同斑块数个体分布的分离度。其计算公式为

$$D_{DIVISION} = 1 - \sum_{j=1}^{m} \left(\frac{a_{ij}}{A} \right)^2 \tag{2-15}$$

式中：a_{ij} 为斑块 ij 的面积；A 为景观总面积；$D_{DIVISION}$ 等于 1 减去某斑块类型每个斑块的面积除以景观总面积的商的平方和，取值范围为 $0 \leqslant D_{DIVISION} < 1$。$D_{DIVISION}=0$ 表明整个景观只由

一个斑块构成;当该类景观只包含一个面积相当于一个栅格的斑块时,$D_{\text{DIVISION}}=1$;当该斑块类型在景观中的面积比例和斑块尺寸减小时,D_{DIVISION}接近1。

13. 蔓延度指数(contag,表示为 C_{CONTAG})

蔓延度指数(C_{CONTAG})是用于测量景观是否由多种要素聚集分布的指标(%)。其计算公式为

$$C_{\text{CONTAG}} = \left\{1 + \frac{\sum_{i=1}^{m}\sum_{i=1}^{m}\left[p_i\left(\frac{g_{ik}}{\sum_{k=1}^{m}g_{ik}}\right)\right]\left[\ln p_i\left(\frac{g_{ik}}{\sum_{k=1}^{m}g_{ik}}\right)\right]}{2\ln(m)}\right\} \times 100 \quad (2-16)$$

式中:p_i 为斑块类型 i 在景观中的面积比重;g_{ik} 为基于双倍法的斑块类型 i 和斑块类型 k 之间的节点数;m 为景观中的斑块类型数,包括景观边界中的斑块类型。C_{CONTAG}值较小时表明景观中存在许多小斑块,趋于 100 时表明景观中有连通度极高的优势斑块类型存在。一般来说,蔓延度值高说明景观中的某种优势斑块类型形成了良好的连接性;反之,则表明景观呈具有多种要素的密集格局,景观的破碎化程度较高。

14. 景观多样性指数(Shannon's diversity index,SHDI,表示为 D_{SHDI})

景观多样性指数主要用于分析土地利用多样性,可定量揭示研究区内土地利用类型的多样化状况,以反映研究区内土地利用类型的复杂性和变异性。其计算公式为

$$D_{\text{SHDI}} = -\sum_{i=1}^{m}(P_i \times \ln P_i) \quad (2-17)$$

式中:P_i 为第 i 类景观占景观总面积的比例;m 为景观类型数。D_{SHDI}等于景观中各斑块类型面积比重与其自然对数乘积的总和,然后再取相反数。D_{SHDI}的取值范围大于或等于零。当研究区仅有单一景观要素或只有一个斑块时,景观多样性最小,$D_{\text{SHDI}}=0$;随着景观中斑块类型数的增加以及它们面积比例的均衡化,D_{SHDI}值增大。

15. 景观优势度指数(landscape dominanle index,LDI,表示为 D_{LDI})

通过优势度分析可以掌握研究区土地利用的集中化程度,以反映区域景观被少数几个主导类型控制的程度。景观优势度指数计算公式为

$$D_{\text{LDI}} = H_{\max} + \sum_{i=1}^{m}(P_i \times \ln P_i) \quad (2-18)$$

式中:$H_{\max}$ 为多样性指数的最大值,$H_{\max}=\ln(m)$。通常,较大的 D_{LDI}值对应于一个或少数几个斑块类型占主导地位的景观。

16. 均匀度指数(Shannon's evenness index,SHEI,表示为 e_{SHEI})

均匀性分析用以反映研究区各土地利用类型在面积分布上的均匀程度。均匀度指数 e_{SHEI} 计算公式为

$$e_{\text{SHEI}} = \frac{-\sum_{i=1}^{m}(P_i \times \ln P_i)}{\ln(m)} \tag{2-19}$$

式中：P_i 为景观中斑块类型 i 的面积比重，计算时采用的景观总面积不包括景观中的背景；m 为景观中的斑块类型数。e_{SHEI} 等于多样性指数与斑块类型数自然对数的比值。该指标没有单位，其取值范围为 $0 \leqslant e_{\text{SHEI}} \leqslant 1$。随着景观中不同斑块类型面积比重越来越不平衡，指标值愈接近零；当整个景观只由一个斑块构成时，$e_{\text{SHEI}} = 0$；当景观中各斑块类型面积比重相同时，$e_{\text{SHEI}} = 1$。

2.3.3　土地利用转移矩阵分析

土地利用转移矩阵可以描述各地类之间变化的来源和流向，计算出不同土地利用类型之间相互转移的方向和数量，通过对某一时期内各种土地利用类型的演变方向和程度进行相应描述，清晰地表达了土地利用状态的时空演化过程（孙晓莉等，2022）。其表达式为

$$S_{ij} = \begin{bmatrix} S_{11} & \cdots & S_{1n} \\ S_{21} & \cdots & S_{2n} \\ \vdots & \vdots & \vdots \\ S_{n1} & \cdots & S_{nn} \end{bmatrix} \tag{2-20}$$

式中：S 为土地总面积；n 为土地利用的类型数；i、j 分别为研究期初期和末期的土地利用类型。

2.3.4　地学信息图谱

地学信息图谱是一种地理时空分析方法论。它是将现代技术和方法与我国传统研究成果相结合的产物，主要经历了 4 个发展阶段：景观制图实验、图谱概念的提出、图谱方法的应用和地学信息图谱理论的形成。

1. 景观制图实验

1955—1956 年，陈述彭（1957）在太湖东西洞庭山进行了综合景观制图实验，将景观综合图划分为相互补充的 3 类：景观类型图、景观分区图和景观综合剖面图。实验结果表明：景观制图是一个有希望、有困难且有办法解决的地理科学问题。在地球化学、水文地质学、局地气候与植物学的理论基础上，依靠野外制图、定位观测与航摄照片判读等技术方法，是完全有可能建立起自己的理论和方法论的体系的。虽然由于这一时期的技术和方法的发展水平所限，还没有形成一套完整的理论体系，但研究者已看到了景观综合图发展的光明前途。

2. 图谱概念的提出

通过对地图学发展的分析，陈述彭（1961）提出了图谱的概念。地图学的发展反映了它既属于技术科学又属于区域科学的性质。其各个发展阶段的进展和成就，一方面反映当时测绘制印工艺的水平，另一方面也反映当时数学基础和地理知识的范围。基于技术科学的性质，

必须密切关注国际先进理论和技术的交流；基于区域科学的性质，地图学的发展又要求结合本国实际情况，自力更生地开展基础工作。综合地图集的编制要求，经过严格的数量统计，并按照类型区划的方法加以分析，可以制定出反映区域地理特征的技术指标。这些技术指标使地图集全面反映自然、社会经济要素和分布现象的相互制约、相互联系及其区域历史发展的过程。利用地理分布规律和历史发展过程两条线索，将地图贯穿、交织起来，便形成了反映区域全貌和区域特征的图谱（陈述彭等，2000）。

3. 图谱方法的应用

1964年，陈述彭等对图谱方法的应用进行了初步总结。自然或经济区域综合体的内部结构是很复杂的，既存在垂直地带谱的变化，又具有水平地带的不同形式的组合。图谱不仅可以反映区域内部结构及其分异规律，而且可以检验和论证区域原则和指标的准确性。

4. 地学信息图谱理论的形成

经过不断地探讨和实践，我国逐步形成了地学信息图谱理论。地学信息图谱理论是在继承中国传统研究成果的基础上，运用3S技术和信息网络等当代先进技术和现代科学理论发展起来的。它是一种地理时空分析方法论。图谱可以运用图形语言进行时间和空间的综合表达与分析，地学信息图谱则是应用地学分析的系列多维图解来描述现状，并通过建立时空模型来重建过去。它可以较好地应用于数据采集和数据开发利用。

本书主要采用地学信息图谱相关方法和理论，对研究区2005年、2010年、2015年和2020年4期数据进行分析，并在此基础上，对研究区内较为典型的耕地、建设用地、生态用地等地类进行地学图谱分析，以期更好地对研究区内不同时段内各地类空间分布格局变化特征进行分析。

2.3.5 桑基图

桑基图（Sankey diagram）是一种对能量或物质流动进行可视化分析的图表，最早用于研究蒸汽机能量的流动和效率。它使用箭头或方向线来描述各个节点之间的流动，箭头或方向线的宽度与流动量的大小成正比，能够清晰地追踪物质流动的方向和关系。

桑基图的基本特征是始末两端的分支宽度总和相等，即起点能量的流出到终点能量的流入两边保持平衡，也就是能量守恒。这一特点使得桑基图被用在体现流量分布和结构对比上，在工业生态学、能源管理学等方面得到了广泛的应用，为开展温室气体排放、全球氢气需求和供应等研究提供了说明性的工具。

土地覆被变化本质上也是不同覆被类型之间面积的转移，某种地类面积的增加意味着另一种地类面积的减少，使用桑基图可以表示多个时间段转移矩阵中的变化情况。桑基图的数据结构简单，可分为3列：起点、终点、权重。起点和终点分别表示物质从何处流出并流入何处，权重表示流量的大小。虽然每条数据的结构都一样，但根据起点和终点的不同，第一次流动的终点可以当作第二次流动的起点，从而实现多级物质流动表达。

主要参考文献

曹月娥,2010.基于GIS技术的县级土地利用总体规划研究[D].乌鲁木齐:新疆大学.
陈述彭,1957.太湖东西洞庭山的景观制图实验[M].北京:科学出版社.
陈述彭,1961.综合地图集的设计与区域特性的反映[J].地理学报,27(1):38-56.
陈述彭,岳天祥,励惠国,2000.地学信息图谱研究及其应用[J].地理研究(4):337-343.
傅伯杰,陈利顶,马克明,等,2001.景观生态学原理及应用[M].北京:科学出版社.
郭晋平,周志期,2007.景观生态学[M].北京:中国林业出版社.
侯君,2007.孝感市土地利用结构优化研究[D].武汉:湖北大学.
胡和兵,2014.城市化背景下流域土地利用变化及其对河流水质影响研究[M].合肥:合肥工业大学出版社.
林伊琳,赵俊三,张萌,等,2019.滇中城市群国土空间格局识别与时空演化特征分析[J].农业机械学报,50(8):176-191.
刘吉伟,陈常优,2008.新密市农村居民点集约利用研究[J].农村经济与科技,19(5):46-47,56.
刘茂松,张明娟,2004.景观生态学——原理与方法[M].北京:化学工业出版社.
刘英,2008.基于GIS的农村居民点用地时空特征及其优化布局研究——以湖南临澧县为例[J].国土与自然资源研究(4):35-36.
马彩虹,2020.土地利用变化与生态系统服务权衡[M].北京:科学出版社.
苏伟忠,杨英宝,2007.基于景观生态学的城市空间结构研究[M].北京:科学出版社.
苏玉燕,2008.基于RS和GIS的芜湖市土地利用变化分析[D].合肥:安徽师范大学.
孙晓莉,2012.基于GIS的城乡建设用地结构调整与布局优化研究[D].昆明:昆明理工大学.
孙晓莉,袁磊,赵然,等,2020.基于地统计与空间自相关的山区草地资源空间分布格局及变化特征分析[J].西南农业学报,33(3):590-598.
孙晓莉,赵然,郑毅,等,2022.会泽县草地资源类型空间分布特征分析[J].贵州大学学报(自然科学版),39(4):118-124.
童李霞,燕琴,骆成凤,等,2017.青海湖流域草地时空变化特征初探[J].青海草业,26(3):7-12,6.
王万茂,韩桐魁,严金明,等,2013.土地利用规划学[M].8版.北京:中国农业出版社.
王徐凡,2020.土地覆被时空变化的可视化表达研究与实现[D].北京:中国地质大学(北京).
王镇,2005.福州市城市空间扩展及城市化研究[J].佳木斯大学学报(自然科学版),23(2):159-164.
邬建国,2007.景观生态学——格局、过程、尺度与等级[M].北京:高等教育出版社.
吴次方,2008.土地资源调查与评价[M].北京:中国农业出版社.

肖笃宁,李秀珍,高峻,等,2006.景观生态学[M].北京:科学出版社.

严志强,黄秋燕,2006.基于GIS的喀斯特山区城镇建设用地空间扩展特征分析——以广西大化瑶族自治县为例[J].城市发展研究,13(6):65-69.

余新晓,牛健植,关文彬,等,2006.景观生态学[M].北京:高等教育出版社.

袁春,钱铭杰,周伟,等,2020.土地资源调查与评价[M].北京:地质出版社.

张国斌,李秀芹,2006.城乡过渡带景观特征与规划建设探讨[J].安徽农业科学(23):6268-6270.

张洪,2020.土地资源调查与评价[M].昆明:云南大学出版社.

郑新奇,张春晓,付梅臣,等,2022.景观格局空间分析技术及其应用[M].2版.北京:科学出版社.

周雅雯,2008.县域城乡用地需求量预测及优化配置研究——以安义县为例[D].南昌:江西师范大学.

第3章　研究区域概况

3.1　研究区范围

阳宗海风景区(102°58′E—103°01′E,24°51′N—24°58′N)位于云南省昆明市以东30km,地跨澄江市、呈贡区、宜良县,是云南九大高原湖泊之一,因大理国时强宗部落居住(后讹为阳宗)而得名。明、清时称为明湖,湖面形如一只巨履,两头宽,中部略窄,海拔1770m,南北长约12km,东西宽约3km,湖面面积约31km²,平均水深22m,最深处达30m。阳宗海为高原断陷湖泊,湖岸平直,湖底凹凸不平,有岩洞暗礁,水色碧绿,透明度高,为淡水湖,湖内盛产著名的金线鱼。湖水主要来自周围汤泉河及聚积的雨水。1960年,因建汤池火电厂,当地政府将摆依河改道归入阳宗海。湖南面的汤地渠为出水口,水流入南盘江,汇入珠江(余晓珊等,2020)。

阳宗海流域属珠江流域南盘江水系,是典型的南北向岩溶构造深水湖泊,流域面积为34 050.45hm²(孙晓莉等,2022)。流域呈南北狭长状分布,四周群山环抱,流域中海拔最高处为老爷山(2730m),最低处为出水口(1 770.46m)。阳宗海入湖河流主要有阳宗河、七里河、汤池河以及其他临时性溪流等(任世川,2012)。研究区范围见图3-1。

3.2　自然概况

3.2.1　地形地貌

阳宗海流域呈南北狭长状分布,四周群山环抱,天然流域呈南北狭长状分布,受小江断裂带的影响和水流的溶蚀,山系、河流均呈南北走向,山岭河谷相间发育,山坡陡峻,山顶平缓,河谷呈"V"形,属不稳定地带,与湖面高差一般在200~300m之间。

阳宗海北岸的汤池、凤鸣盆地和南岸的阳宗盆地出露古近纪、新近纪和第四纪地层,河湖沉积物主要为沙、砾石、黏土;东西岸出露二叠纪地层,主要为石灰岩、砂页岩,分布有石芽、溶洞,且岩溶发育较好。阳宗海西部山区地层年代以寒武纪和二叠纪为主,其间夹有石炭纪地层和泥盆纪地层,岩石多为页岩、石灰岩、玄武岩。该汇水区范围属浅切割中山,分层明显,以侵蚀、溶蚀、岩溶高原地貌形态为主,红色山原地貌次之,并保留了古夷平面被抬升、错断、河流侵蚀而形成的残余地貌。梁王山脉主峰最高海拔为2820m,是滇中第一高峰,梁王山汇水经七星河水库后流入阳宗海。正北约6km处为乌纳山脉的主峰老爷山,最北的向阳山海拔为2 523.4m,往南的马头山海拔为2242m(图3-2)。

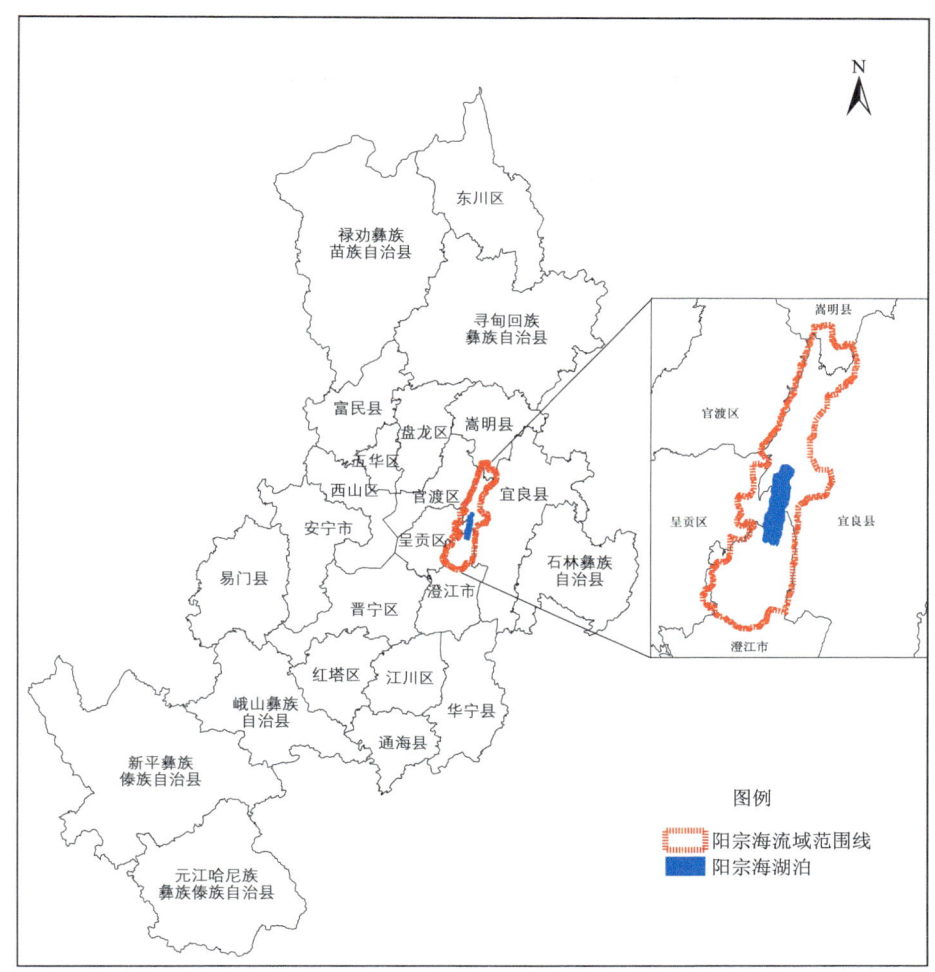

图 3-1 研究区位置示意图

3.2.2 气候气象

阳宗海流域地处滇中高原,属低纬度亚热带高原型湿润季风气候,受印度洋孟加拉湾海洋气候影响比较明显。冬无严寒,夏无酷暑,气温日差比较大,干湿季节分明。雨季多暴雨且多为单日连续性暴雨,以雨面小、历时短、梯度大的单点暴雨为主,流域内山区降雨量又明显高于坝区。降雨的季节性特点造成旱季降雨日数少,晴天日数多,日照充足,气温高,蒸发量大。雨热同季,光温不同步,湖区常年主导风向为西南风,阳宗镇受大气环流和地貌、海拔的影响,冬春季盛行西南风,夏季盛行南风,秋季盛行西北风,全年盛行南风。

研究区内的汤池镇境内年冬季平均气温为 9.1℃,夏季平均气温为 21.4℃,最低气温为 −0.2℃,年平均降雨量为 912.2mm,平均相对湿度为 74.0%,全年无霜期为 300d,多年平均风速为 2.4m/s,最大风速为 22.0m/s,年平均日照时数达 2 052.9h,年日照率为 50%,多年平均蒸发量为 2112mm。

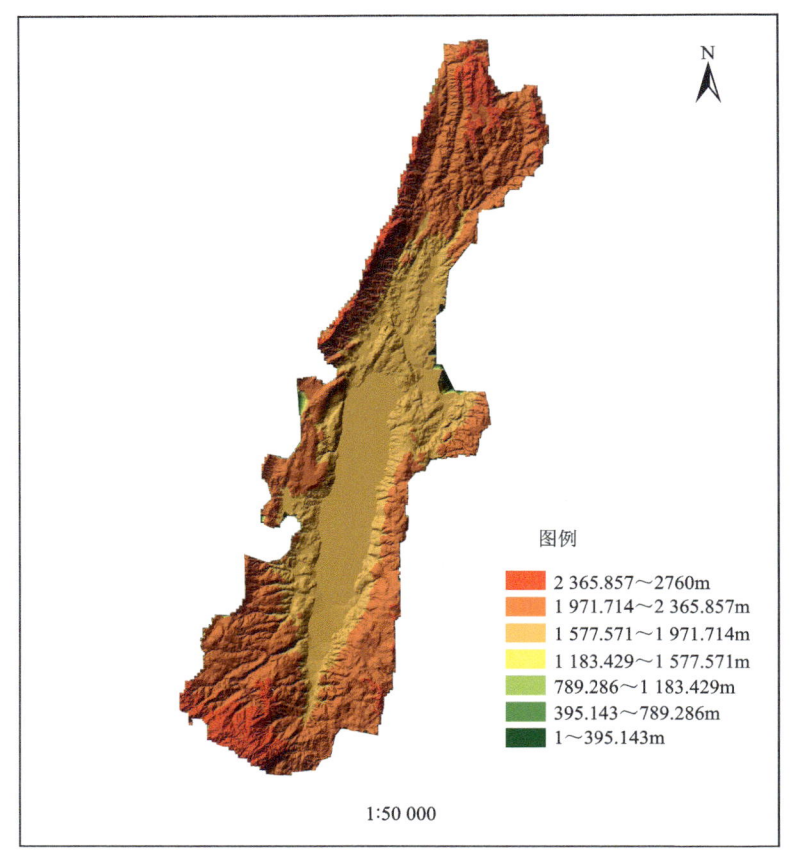

图 3-2　研究区数字高程模型(DEM)

研究区内的阳宗镇坝区年平均气温为 11.9～17.5℃，全年月温 7 月最高，平均为 16.2～20.6℃，1 月最低，平均为 5.9～8.9℃。平均风速为 1.8～2.6m/s。山区平均风速为 3.1～4.7m/s。雨季一般在 5 月下旬开始，至 10 月上旬结束，全年降雨日数为 129d，常年降水量达 900～1200mm。有霜期为 113d，无霜期为 252d，日照时数为 1 904.3h，日照率为 43%，年活动积温为 5 498.1℃。

研究区内的七甸街道年平均气温为 14.8℃，极端最高气温为 31.5℃，极端最低气温为 −5.4℃，最热月(7 月)平均气温为 19.8℃，最冷月(1 月)平均气温为 8.0℃，全年无霜期为 285.7d；年平均降水量为 797.5mm，降水集中在 5—10 月，期间降雨量占总降雨量的 88%～90%，年平均降雨时间为 134.6d，相对湿度平均为 73%；年平均日照时数为 2 488.7h，日照率为 65%；多西南风(频率 22%)，平均风速为 2.7m/s，最大风速为 19m/s(1 月)，风速变化通常白昼大于夜晚，干季大于雨季；年平均雾日数为 56d，雾天多发生在 10 月至次年 2 月；年平均水面蒸发量为 2120mm；全年平均气压为 809.1kPa。灾害性天气主要有低温冷害、干旱、霜冻、冰雹。低温冷害出现在 3 月。干旱以春夏季居多。冰雹多发生于春季(2—4 月)和初秋(8 月)。

3.2.3　水文水资源概况

1. 湖泊水文特征

阳宗海呈南北向伸展,湖面水位为 1 769.9m 时,湖面面积约 31km²,平均水深为 22m,最大水深为 30m,湖泊南北平均长 12.7km,东西平均宽 2~5km,湖岸长 32.3km,总蓄水量达 6.04 亿 m³,总库容为 6.17 亿 m³。当水位降至 1 768.35m 时,湖水面积为 29.65km²,库容约 5.42 亿 m³。摆依河引洪渠汇水区面积约 94km²。

2. 入湖河流水文特征

阳宗海流域属珠江水系南盘江流域,呈南北狭长状分布,四周群山环抱,流域内老爷山海拔最高,出水口海拔最低。流域四周河流水系呈向心状注入阳宗海。流域内地表水系简单,主要的天然入湖河流均位于阳宗海南部,汇水面积大于 5km² 的河流有阳宗大河、七星河、鲁溪冲河、宜良县摆依河共 4 条,北部汤池渠是阳宗海唯一的出口河道。

(1) 阳宗大河。位于阳宗海以南,为阳宗海最大的天然入湖河流。源头有二:左支,称石寨河,发源于饮马池、脚步哨一带,源地高程为 2660m,在阳宗镇汇入阳宗大河;右支,称马庄河,为正源,发源于阳宗海南面梁王山,源地高程为 2820m,河长 12.92km,集水面积为 64.45 km²,径流量为 1923 万 m²/a。阳宗大河也是阳宗镇的主要防洪、排涝河道。上段建有小(一)型的石寨河水库、马庄河水库和小(二)型的三岔箐水库。马庄河水库位于阳宗镇净莲寺村境内,东西宽 250m,南北长约 900m,水面面积为 0.062km²,径流面积为 6.95km²,总库容量为 100.5 万 m³。石寨河水库位于阳宗镇饮马池村境内,东西宽约 200m,南北长约 600m,水面面积为 0.074km²,径流面积为 9km²,总库容量为 132.3 万 m³,来水源自周围面山流域汇水区。三岔箐水库位于阳宗镇小箐村境内,属于小(二)型水库,东西宽约 350m,南北长约 650m,水面面积为 0.039km²,径流面积为 8km²,总库容量为 25 万 m³。东排浸沟位于阳宗大河入湖河口湿地东南面,长 6.23km。

(2) 七星河。发源于阳宗海西南面山药箐,河流自西南向东北流入七星河水库,源地高程为 2300m,河长 6.37km,集水面积为 14.4km²;中段建有小(一)型七星河水库,东西宽 850m,南北长 750m,水面面积为 0.16km²,径流面积为 16.0km²,总库容量为 228 万 m³,兴利库容量为 180 万 m³。

(3) 鲁溪冲河。发源于与松茂水库分水的大石板水库东侧,自西向东经鲁溪冲、左卫营,穿昆石高速路后向东偏北汇入阳宗海。河长 5.19 km,集水面积为 8.18km²。

(4) 摆依河(引水区)。位于阳宗海北面,发源于嵩明县杨林镇五龙山,源地高程为 2300m。上游为李子箐村和白玉河,均发源于高山地区,上游水源于凤鸣村汇合,流过凤鸣坝子后汇入汤池河。摆依河河水自北向南,经麦地冲、石板沟、刘家箐、麻沟、龙潭坡,至凤鸣煤矿纳入李子箐村、老爷山东坡,至汤池永丰营与阳宗海出水沟渠汇合,于兰家营西北 500m 处汇入贾龙河,再入南盘江。摆依河水文站以上集水面积为 94km²,河长 19.06km。

(5) 汤池河。为阳宗海唯一出口河道,渠长约3.5km,湖水沿渠向东经汤池镇汇入摆依河,流经宜良坝子10余千米后并入贾龙河,最终汇入南盘江。近年来平均流量为0.51亿 m^3,主要供下游宜良坝区农业灌溉。

阳宗海流域各主要河流流域特征见表3-1。阳宗海流域各主要河流分布见图3-3。

表3-1 阳宗海流域各主要河流流域特征

河名	面积/km²	河长/km	比降/‰	形状系数
阳宗大河	64.45	12.92	31.98	0.386
七星河	14.40	6.37	50.05	0.355
鲁溪冲河	8.18	5.19	/	/
摆依河(引水区)	94.00	19.06	19.07	0.259

注:以上数据来自云南省水文水资源局昆明分局发布的《阳宗海流域水文水资源调查报告》和《云南省阳宗海"一湖一策"保护治理行动方案(2021—2035年)》。

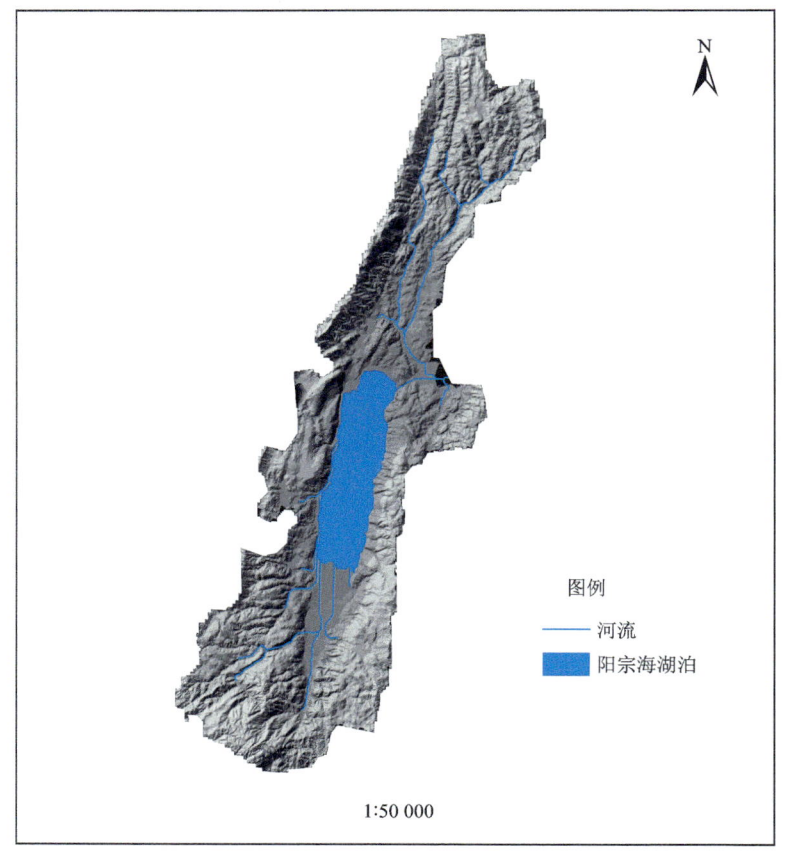

图3-3 研究区主要河流分布图

过去的复合型转变为目前的单一型，林地环境向贫瘠型退化。

3.3 社会经济概况

3.3.1 行政区划及人口

2010年1月以前，阳宗海流域一直分属昆明市和玉溪市管辖。2009年10月9日，云南省委、省政府从统筹阳宗海区域保护、治理和开发的高度出发，决定设立昆明阳宗海风景名胜区，成立昆明阳宗海风景名胜区管理委员会，托管昆明市宜良县汤池街道、呈贡区七甸街道和玉溪市澄江市阳宗镇3个镇（街道），辖38个村委会（社区）、178个村民小组、181个自然村，总面积达546 km^2。2010年7月1日，昆明阳宗海风景名胜区管理委员会正式履行职责职能，对区域实现统一规划、统一保护、统一开发、统一管理。

2020年昆明阳宗海风景名胜区管理委员会所辖3个乡镇街道（总面积为546 km^2），常住总人口为11.8万人。

3.3.2 社会经济状况

2020年，阳宗海风景名胜区一般公共预算收入完成7.03亿元，"十三五"期间年均增速8.27%；规模以上固定资产投资完成62.3亿元，年均增速16%；规模以上工业增加值达27.3亿元，年均增速8.64%；规模以上工业主营业务收入达583亿元，年均增速15.6%；农民人均纯收入达19 522元，年均增速10%；旅游总收入达13.15亿元，年均增速19.98%；招商引资内资完成47亿元，年均增速15.6%；实际利用外资4888万美元，年均增速86.9%。全区各类市场主体达5970户，年均增长22.4%。

3.4 生态建设概况

政府在阳宗海流域持续推进退耕还林、还草、还湿工作，逐步扩大湿地面积。阳宗海流域恢复湖滨滩地1290亩（阳宗海南岸美洲黑杨种植及补植290亩，东岸柳树种植200亩，滩涂绿化800亩）；新增湖滨区生态缓冲区8000亩；新增湖滨湿地100.17亩，改扩建湖滨湿地49.14亩。随着阳宗海南岸东排浸沟入湖口湿地和阳宗海环湖湿地的建设，2020年新建湿地1100亩，逐步恢复湖滨湿地生态系统。

3.5 土地利用状况

2020年，阳宗海流域土地总面积为34 050.45 hm^2，其中耕地面积为7 464.53 hm^2，占土地总面积的21.92%；园地面积为228.69 hm^2，占土地总面积的0.67%；林地面积为14 991.99 hm^2，占土地总面积的44.03%；草地面积为275.31 hm^2，占土地总面积的0.81%；建设用地面积为2 903.21 hm^2，占土地总面积的8.53%；水域及水利设施用地面积为3 327.29 hm^2，占土地总面积的 9.77%；其他土地面积为 4 860.43hm²，占土地总面积的 14.27%。具体如表 3-3 所示。

从阳宗海流域 2020 年各地类面积分布情况来看，流域内景观主要以耕地和林地为主，两者面积之和占土地总面积的 65.95%。

表 3-3 阳宗海流域土地利用面积（2020 年）

土地利用景观类型	面积（S_{CA}）/hm²	占比（D_{PLAN}）/%
耕地	7 464.53	21.92
园地	228.69	0.67
林地	14 991.99	44.03
草地	275.31	0.81
建设用地	2 902.21	8.53
水域及水利设施用地	3 327.29	9.77
未利用地	4 860.43	14.27
总面积	34 050.45	100.00

主要参考文献

陈瑞娟,李明,周思辰,等,2022.2019—2020 年阳宗海水质现状及特征[J].环境科学导刊,41(1):5-9.

马国强,李秋洁,李云琴,等,2022.近 28 年阳宗海流域生态系统服务价值对景观格局演变的时空响应[J].广西林业科学,51(5):591-602.

任世川,2012.滇中阳宗海流域岩溶地下水系统及其脆弱性评价[D].昆明:昆明理工大学.

孙晓莉,郑毅,赵然,等,2022.阳宗海流域土地利用景观格局时空变化分析[J].西南农业学报,35(10):2387-2394.

王敏,蒙红卫,黄林培,等,2020.云南阳宗海流域过去 13 000 年植被演替与森林火灾[J].第四纪研究,40(1):175-189.

余晓珊,蒙红卫,黄林培,等,2020.滇中阳宗海流域过去 1200 年以来的环境变化[J].生态学杂志,39(6):1896-1910.

张慧娟,刘云根,王妍,等,2017.阳宗海湖滨湿地沉积物中重金属的空间分布特征[J].水生态学杂志,38(2):44-50.

第4章 研究区数据收集与处理

笔者主要基于 RS 和 GNSS 等技术手段和方法获取研究区 2005 年、2010 年、2015 年和 2020 年的遥感影像数据,并借助 Erdas Imagine 软件进行数据的预处理以获取遥感基础数据,借助 ArcGIS 软件和外业核查获取研究区 4 期土地利用基础数据,最后借助 Fragstats 软件获取研究区相关景观格局指数,为后续数据分析提供基础。

4.1 数据收集

4.1.1 遥感数据

笔者利用 RS 技术获取研究区 2005 年、2010 年、2015 年和 2020 年 4 期遥感数据,空间分辨率为 0.5m,获取的影像数据包括多光谱数据和全色数据。其中,2005 年遥感影像由全色图像/数据和多光谱图像/数据构成,研究区的右上方为全色数据;2010 年、2015 年和 2020 年数据均为多光谱数据。获取的 4 期遥感影像数据如图 4-1 所示。

4.1.2 外业调查数据

在获取遥感影像数据的基础上,通过外业核查的方式,对获取的 2020 年遥感影像进行核查,为后续遥感影像解译奠定基础。此外,外业核查时还可以采集研究区部分地面控制点(ground control point,GCP)数据,以便后续进行遥感影像处理。

4.1.3 其他数据

除收集遥感影像数据和外业核查数据外,还需要收集研究区的行政区划数据、人口、社会经济数据、水文数据等其他数据。其中,行政区划数据来源于云南省第三次全国国土调查数据,人口、社会经济数据、水文数据等来源于统计年鉴及相关政府网站。

4.2 数据处理软件

4.2.1 ERDAS IMAGINE 软件

ERDAS IMAGINE 是美国 ERDAS 公司开发的遥感图像处理系统。软件以先进的图像

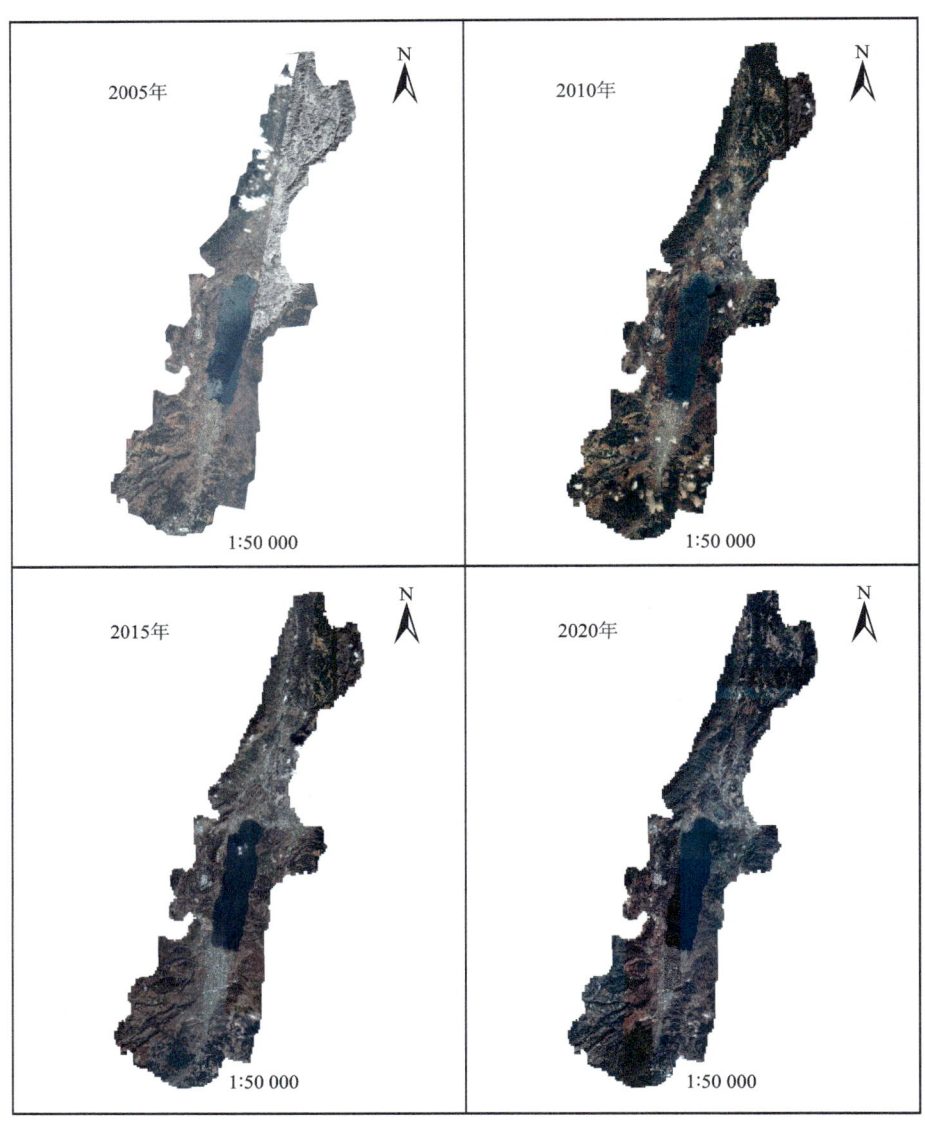

图 4-1 研究区 4 期遥感影像数据

处理技术、友好的用户界面、灵活的操作方式以及面向广阔应用领域的产品模块,服务于不同层次用户的模型开发工具、高度的 RS/GIS 集成功能,为遥感及其应用领域的用户提供功能强大的图像处理工具,代表了遥感图像处理技术系统未来的发展趋势。ERDAS IMAGINE 是以模块化的方式为用户提供功能选择,用户可以根据自己的应用要求、资金情况等合理选择不同的功能模块,ERDAS IMAGINE 对于系统的扩展功能采用开放的体系结构,以 IMAGINE Essentials、IMAGINE Advantage、IMAGINE Professional 的形式为用户提供高、中、低 3 种不同的产品架构,并有丰富的扩展模块供用户进行选择,使产品模块的组合具有极大的灵活性(詹云军,2016;邓磊和孙晨,2014)。ERDAS IMAGINE 具有功能全面、3S 集成、面向企业化、无缝集成及工程一体化等特点。

笔者主要借助 ERDAS 9.2 完成 2005 年、2010 年、2015 年和 2020 年 4 期遥感影像数据的预处理，主要包括图像裁剪、镶嵌、校正等。ERDAS 9.2 软件操作界面如图 4-2 所示。

图 4-2　ERDAS 9.2 软件操作界面

4.2.2　ArcGIS 软件

随着现代技术的发展，社会生活或工作中对信息要求的数量和类型在不断地丰富，这就要求我们对现实世界进行多尺度、多类型、多时态的信息数据探求，用以解决诸如土地、环境、人口、灾害、规划、建设等方面的重大问题。ArcGIS 软件是 ESRI 公司集 40 多年地理信息系统咨询和研发经验，提供给用户的一套完整的 GIS 平台产品。ArcGIS 作为一个可伸缩的平台，为个人用户和群体用户提供 GIS 功能。ArcGIS 不但支持桌面环境，还支持移动平台、Web 平台、企业级环境以及云计算环境，为用户提供了丰富多样、基于信息技术（IT）综合标准的开发接口与工具，让用户轻松构建个性化的 GIS 应用。ArcGIS Desktop，是 ArcGIS 的基础软件，也是一套完整的专业 GIS 应用软件。它通过对自然地理现象、事件及其关系进行可视化表达，解决用户日常工作中出现的问题，提升用户的工作效率，并能制定科学合理的决策，辅助用户的日常工作。ArcGIS Desktop 是一个集成了众多高级 GIS 应用的软件套件，包含了一套带有用户界面组件的 Windows 桌面应用（如 ArcMap、ArcCatalog、ArcToolboxTM、ArcGlobe）。它可以实现从简单到复杂的 GIS 任务，如制图、地理分析、数据编辑、数据管理、可视化和空间处理等。

笔者主要借助 ArcGIS 完成 2005 年、2010 年、2015 年和 2020 年 4 期遥感数据目视解译（矢量化）工作，利用 ArcGIS 强大的空间分析功能对土地利用现状进行分析，并通过转移矩阵探究各土地利用类型之间的相互转换关系。ArcGIS 软件操作界面如图 4-3 所示。

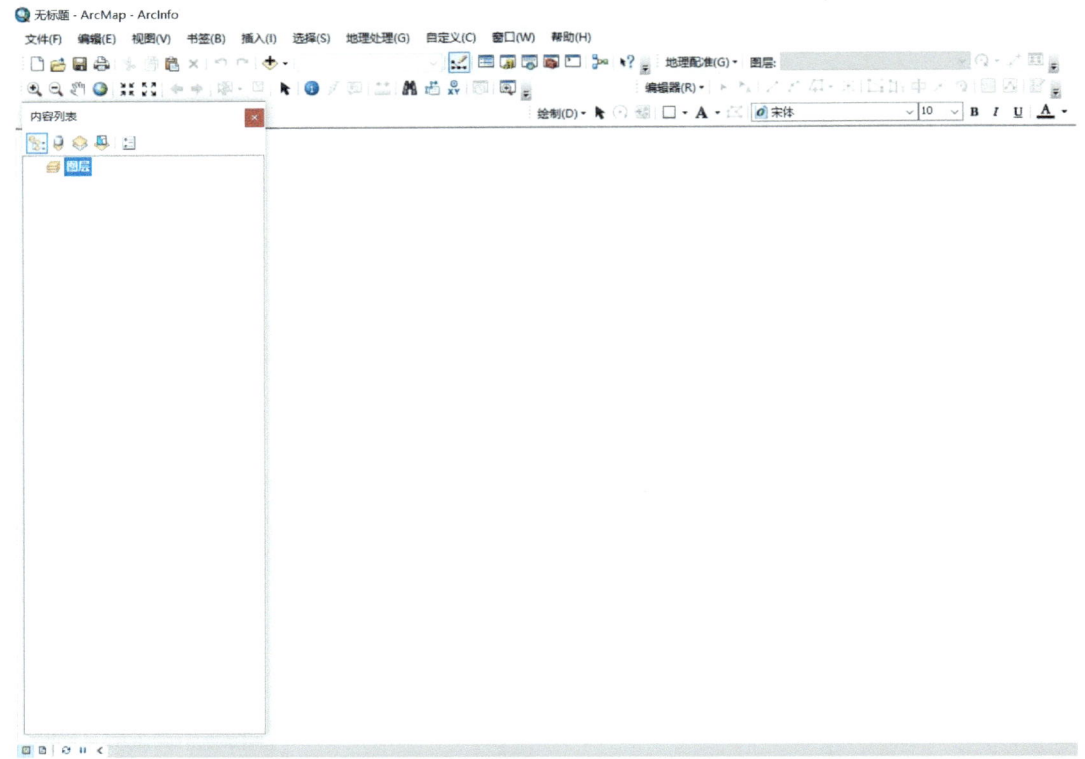

图 4-3 ArcGIS 软件操作界面

4.2.3 Fragstats 软件

Fragstats 软件是美国俄勒冈州立大学森林科学系开发的一个景观指标计算软件，是目前国际上通用的著名景观格局分析软件(郑新奇等，2022)。它有两个版本，矢量版本运行在 Arc/INFO 环境中，接受 Arc/INFO 的矢量图层；栅格版本可以接受 Arc/INFO、IDRISI、ERDAS 等多种格式的格网数据。两个版本的区别在于：栅格版本可以计算最近距离、邻近指数和蔓延度，而矢量版本无法计算；矢量版本可以对边缘进行处理，由于格网化的地图中拼块边缘总是大于实际的边缘，因此栅格版本在计算边缘参数时会产生误差，这种误差依赖于网格的分辨率。Fragstats 是一个地图空间模式分析程序，可以分析用户指定的任何空间想象，且不限制景观分析的比例尺，还可以在任何 Windows 操作系统下运行。Fragstats 接收各种格式的光栅图像，对所有输入数据均提出以下要求。

(1)所有输入网格应为带符号的整数网格(即每个单元格分配一个与其类成员身份或斑块类型相对应的整数值)。

(2)所有输入网格必须由方格组成，方格大小以米(m)为单位。

(3)所有输入网格的像元必须大于 0.001m。

（4）输入网格的 NoData 值不得与指定的背景值相同。

（5）如果同一网格使用不同图像格式，则最好将这些网格存储在单独的文件夹中，因为使用 GDAL 库读取某些网格格式可能会引起一些特殊的冲突，导致程序崩溃。

（6）输入网格的路径（目录）名称不应包含任何符号，不应包含除希腊字符或英语字母或数字以外的任何内容。

笔者主要借助 Fragstats 4.2 软件获取斑块个数、斑块密度、平均斑块面积、形状指数、聚合度、蔓延度、多样性指数等不同的景观格局指数，为研究区景观格局变化特征分析提供数据基础。Fragstats 4.2 软件操作界面如图 4-4 所示。

图 4-4　Fragstats 4.2 软件操作界面

4.3　遥感影像分类与解译

4.3.1　土地利用分类体系

首先对获取到的遥感影像数据按照表 4-1 的分类进行解译，然后依据《土地利用现状分类》(GB/T 21010—2007)，将阳宗海流域的土地利用类型划分为耕地、园地、林地、草地、建设用地、水域及水利设施用地和未利用地 7 类。

表 4-1 遥感影像解译分类

一级类	二级类	三级类	编码	含义
1.农用地				指直接用于农业生产的土地,包括耕地、园地、林地、牧草地及其他农用地
	耕地		11	指种植农作物的土地,包括熟地,新开发、复垦、整理地,休闲地、轮歇地、草田轮作地;以种植农作物为主,间有零星果树、桑树或其他树木的土地;平均每年能保证收获一季的已垦滩地和海涂。耕地中包括南方宽度小于1.0m,北方宽度小于2.0m的沟、渠、路和地埂
		水田	111	指用于种植水稻、莲藕等水生农作物的耕地,包括实行水生、旱生农作物轮种的耕地
		水浇地	112	指有水源保证和灌溉设施,在一般年景能正常灌溉,种植旱生农作物的耕地。包括种植蔬菜等的非工厂化的大棚用地
		旱地	113	指无灌溉设施,主要靠天然降水种植旱生农作物的耕地,包括没有灌溉设施,仅靠引洪淤灌的耕地
	园地		12	指种植以采集果、叶、根、茎、汁等为主的集约经营的多年生木本和草本作物(含其苗圃),覆盖度大于50%和每亩有收益的株数达到合理株数70%的土地
		果园	121	指种植果树的园地
		茶园	122	指种植茶树的园地
		其他园地	123	指种植桑树、橡胶、可可、咖啡、油棕、胡椒、药材等其他多年生作物的园地
	林地		13	指生长乔木、竹类、灌木的土地,以及沿海生长红树林的土地。包括迹地,不包括居民点内部的绿化林木用地,铁路、公路征地范围内的林木用地,以及河流、沟渠的护堤林
		有林地	131	指树木郁闭度大于或等于0.2的乔木林地,包括红树林地和竹林地
		灌木林地	132	指灌木覆盖度大于或等于40%的林地
		其他林地	133	包括疏林地(指树木郁闭度为10%~19%的疏林地)、未成林地、迹地、苗圃等
	牧草地		14	指以生长草本植物为主的土地
		天然牧草地	141	指以种植天然草本植物为主,用于放牧或割草的草地
		人工牧草地	142	指人工种植牧草的草地
		其他草地	143	指树木郁闭度小于0.1,表层为土质,以生长草本植物为主,不用于畜牧业的草地

续表 4-1

一级类	二级类	三级类	编码	含义
1.农用地	其他农用地		15	指上述耕地、园地、林地、牧草地以外的农用地
		设施农用地	151	指直接用于经营性养殖的畜禽舍、工厂化作物栽培或水产养殖的生产设施用地及其相应附属用地,农村宅基地以外的晾晒场等农业设施用地
		农村道路	152	指公路用地以外的南方宽度大于或等于 1.0m、北方宽度大于或等于 2.0m 的村间、田间道路(含机耕道)
		坑塘水面	153	指人工开挖或天然形成的蓄水量小于 10 万 m^3 的坑塘常水位岸线所围成的水面
		农田水利用地	154	指农民、农民集体或其他农业企业等自建或联建的农田排灌沟渠及其相应附属设施用地
		田坎	155	主要指耕地中南方宽度大于或等于 1.0m、北方宽度大于或等于 2.0m 的地坎
2.建设用地				指构造建筑物、构筑物的土地。包括居民点用地、独立工矿用地、特殊用地、风景旅游用地、交通用地、水利设施用地等
	城乡建设用地		21	指城镇、农村区域已建造建筑物、构筑物的土地。包括城市、建制镇、村庄、采矿用地等
		城市	211	指城市居民点,以及与城市连片的和区政府、县级市政府所在地镇级辖区内的商服、住宅、工业、仓储、机关、学校等单位用地
		建制镇	212	指建制镇居民点,以及辖区内的商服、住宅、工矿、工业、仓储、学校等企事业单位用地
		村庄	213	指农村居民点,以及所属的商服、住宅、工矿、工业、仓储、学校等用地
		采矿用地	214	独立于居民点之外的采矿、采石、采砂(沙)场,砖瓦窑等地面生产用地及尾矿堆放地(不含盐田)
		独立建设用地	215	指采矿地以外,对气候、环境、建设有特殊要求及其他不宜在居民点内配置的各类建设用地

续表 4-1

一级类	二级类	三级类	编码	含义
2.建设用地	交通水利用地		22	指城乡居民点之外的交通运输用地和水利设施用地。其中,交通运输用地是指用于运输通行的地面线路、场站等用地,包括公路、铁路、民用机场、港口、码头、管道运输及其附属设施用地;水利设施用地是指用于水库、水工建筑的土地
		铁路用地	221	指用于铁道线路、轻轨、场站的用地。包括设计内的路堤、路堑、道沟、桥梁、林木等用地
		公路用地	222	指用于国道、省道、县道和乡道的用地。包括设计内的路堤、路堑、道沟、桥梁、汽车停靠站、林木及直接为其服务的附属用地
		机场用地	223	指用于民用机场的用地
		港口码头用地	224	指用于人工修建的客运、货运、捕捞及工作船舶停靠的场所及其附属建筑物的用地,不包括常水位以下部分
		管道运输用地	225	指用于运输煤炭、石油、天然气等管道及其相应附属设施的地上部分用地
		水库水面	226	指人工拦截汇集而成的总库容大于或等于 10 万 m^3 的水库正常蓄水位岸线所围成的水面
		水工建筑用地	227	指除农田水利用地以外的人工修建的沟渠(包括渠槽、渠堤、护堤林)、闸、坝、堤路林、水电厂房、扬水站等常水位岸线以上的水工建筑用地
	其他建设用地		23	指城乡建设用地范围之外的风景名胜设施用地、特殊用地、盐田
		风景名胜设施用地	231	指城乡建设用地范围之外的风景名胜(包括名胜古迹、旅游景点、革命遗址等)景点及管理机构的建筑用地
		特殊用地	232	指城乡建设用地范围之外的,用于军事设施、涉外、宗教、监教、殡葬等的土地
		盐田	233	指以经营盐为目的,包括盐场及附属设施用地
3.其他土地				指农用地和建设用地以外的土地
	水域		31	指陆地河流、湖泊等水域用地,不包括滞洪区和已垦滩涂中的耕地、园地、林地、居民点、道路等用地
		河流水面	311	指天然形成或人工开挖河流常水位岸线之间的水面,不包括被堤坝拦截后形成的水库水面
		湖泊水面	312	指天然形成的积水区常水位岸线所围成的水面
		滩涂	313	指沿海大潮高潮位与低潮位之间的潮侵地带,河流、湖泊常水位与洪水位间的滩地;时令湖、河洪水位以下的滩地;水库、坑塘的正常蓄水位与最大洪水位间的滩地;生长芦苇的土地
	自然保留地		32	指水域以外,规划期内不利用、保留原有性状的土地,包括冰川及永久积雪、沼泽地、荒草地、盐碱地、沙地、裸地、高原荒漠、苔原等

4.3.2 影像预处理

影像预处理主要包括对获取的遥感影像进行几何校正、图像镶嵌、图像融合、图像裁剪等处理内容。

1. 几何校正

遥感图像的几何校正是指将图像投影到某一选定的参考坐标系下并消除原始图像存在的几何变形,产生一幅符合某种地图投影或者图形表达要求的新图像的过程。主要分为两步:一是像素坐标的转换,即将图像坐标转换为地图投影坐标或者地面坐标;二是对坐标转换后的像素灰度值进行重采样。笔者首先对 2005 年遥感图像进行几何校正,然后将 2010 年、2015 年和 2020 年 3 期数据与 2005 年数据进行图像间配准,确保 4 期数据空间参考保持一致。图像解译后对获取的土地利用矢量数据进行投影变换。

2. 图像镶嵌

如果工作区域较大,需要使用两幅或者多幅遥感图像才能覆盖,则需要进行遥感图像镶嵌处理。遥感图像镶嵌的注意事项:根据要求挑选合适的遥感数据,尽可能选择成像时间和成像条件相近的遥感图像;要求相邻图像的色调一致;镶嵌遥感图像之前要进行几何校正,必须包括地图的投影信息。

3. 图像融合

图像融合是指将多源遥感图像按照一定的算法,在规定的地理坐标系生成新的图像的过程。全色图像一般具有较高的空间分辨率,多光谱图像具有丰富的光谱信息。为提高多光谱图像的空间分辨率,可以将全色图像和多光谱图像进行融合,融合之后的图像不仅具有全色数据的高空间分辨率,同时也具有多光谱数据的光谱信息。书中图像融合主要涉及 2005 年遥感图像,但 2005 年多光谱数据并未覆盖整个研究区域,笔者仅对研究区大部分区域进行了图像融合处理,研究区的右上方仍然使用全色数据进行解译。因此,可以借助 ERDAS 9.2 软件的分辨率融合(resolution merge)功能实现遥感图像融合操作。

4. 图像裁剪

在开展遥感图像处理工作时,如果研究区域较小,只需用一幅遥感图像中的某一部分区域覆盖该研究区,则需要进行遥感图像裁剪处理。在应用中往往需要根据实际工作区范围界线来裁剪图像,例如行政区界线、流域分水岭界线等;也可能因为数据量太大、冗余数据太多而需要进行图像的裁剪,精简数据提高效率;同时,如果仅仅关心研究区域的数据,而不需要研究区之外的图像,同样需要按照研究区范围边界进行图像裁剪。因此,笔者借助 ERDAS 9.2 软件的不规则裁剪(subset image)功能,对研究区范围边界进行不规则裁剪,获得研究区 2005 年、2010 年、2015 年和 2020 年 4 期遥感影像数据。

4.3.3 遥感图像解译

遥感图像解译是从遥感图像上获取目标地物信息的过程。遥感图像解译分为两种：一是目视解译，也称为目视判读，是指专业人员通过直接观察或借助辅助判读仪器在遥感图像上获取特定目标地物信息的过程；二是遥感图像计算机解译，又称遥感图像理解，它是以计算机系统作为支撑环境，将模式识别技术与人工智能技术相结合，根据遥感图像中目标地物的各种图像特征（如颜色、形状、纹理与空间位置等），结合专家知识库中地物的解译经验和成像规律等知识进行分析和推理，实现对遥感图像的理解，完成对遥感图像的解译。遥感图像解译的步骤如下。

（1）准备工作。收集和分析相关资料，根据遥感图像的获取平台、成像方式、成像日期、季节、遥感图像比例尺、空间分辨率等选择合适的图像数据，有利于目视解译，提高解译的可行性和成功率。此外，还需掌握解译地区实地情况，将实地情况与图像进行对应分析。

（2）建立解译标志。根据遥感图像特征，例如形状、大小、阴影、色调、纹理、图案、颜色、位置和布局等，建立图像和地物之间的对应关系。

（3）室内预解译。根据遥感图像解译标志，运用直接判读法、地理相关分析法等对图像进行解译，勾绘各类土地利用类型图斑界线，标注地物类别，形成预解译图。

（4）野外实地调查。在室内预解译的过程中不可避免地存在无法识别的土地利用类型，这时需要进行野外实地调查与验证。此外，在野外实地调查的过程中，也可以建立研究区的解译样本。

（5）内外业综合解译。根据野外实地调查结果，对预解译过程中存在的问题进行更正和确定，形成解译结果。

（6）解译成果的类型转绘与制图。将解译结果形成土地利用矢量数据，并进行符号化及页面整饰。由解译结果形成的土地利用类型图如图 4-5 所示，我们可以将该结果作为后续研究的数据基础。

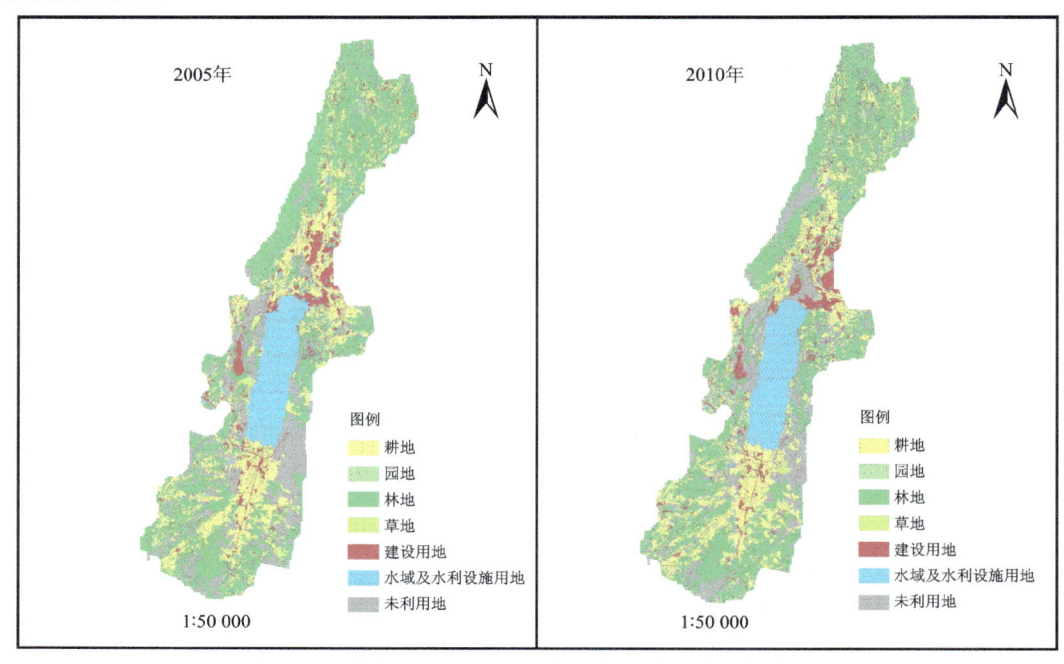

图 4-5　研究区 2005—2020 年 4 期遥感图像解译结果

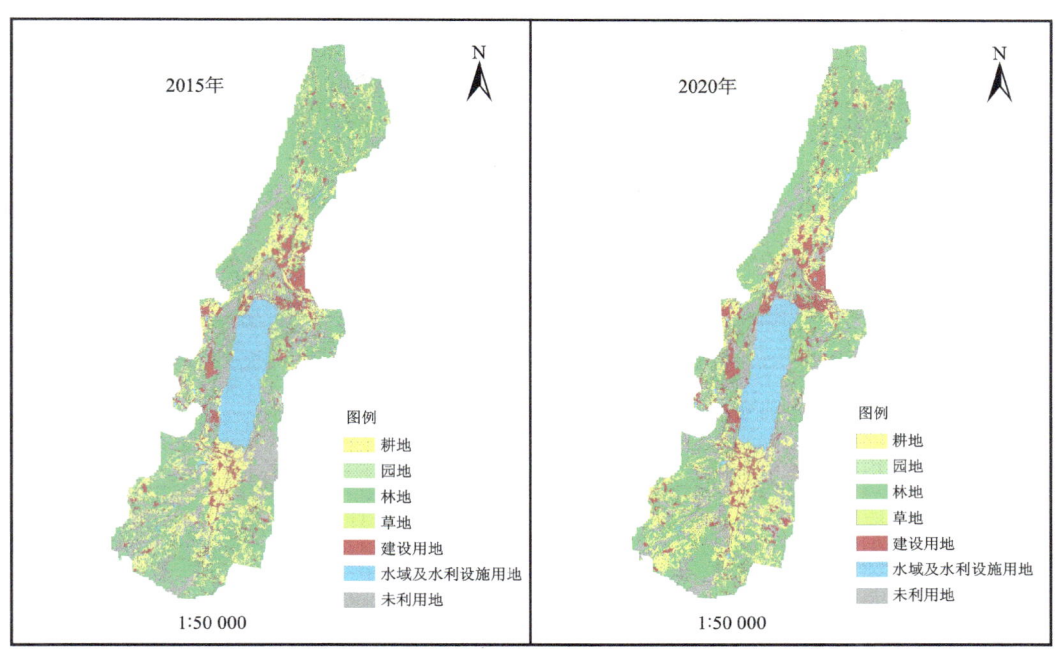

图 4-5　研究区 2005—2020 年 4 期遥感图像解译结果(续)

主要参考文献

党安荣,贾海峰,陈晓峰,等,2010.ERDAS IMAGINE 遥感图像处理教程[M].北京:清华大学出版社.

邓磊,孙晨,2014.ERDAS 图像处理基础实验教程[M].北京:测绘出版社.

孙晓莉,2018.ArcGIS 基础操作实验教程[M].北京:测绘出版社.

闫磊,2019.ArcGIS 从 0 到 1[M].北京:北京航空航天大学出版社.

詹云军,2016.ERDAS 遥感图像处理与分析[M].北京:电子工业出版社.

郑新奇,张春晓,付梅臣,等,2022.景观格局空间分析技术及其应用[M].北京:科学出版社.

第5章 阳宗海流域土地利用变化与景观格局

土地是人类生产生活和社会发展过程中的重要自然资源和物质保障,不同的土地利用类型在空间分布上的变化直接影响景观格局变动(葛如香和马超,2022)。流域土地利用变化与景观格局研究有助于了解景观格局演变的机制与规律,进一步探索自然、人类活动等与景观变化的关系,实现土地资源可持续利用(尹志恒等,2021)。目前,流域土地利用景观格局研究已引起国内外广泛关注,研究内容主要集中在流域景观格局及其时空变化,流域土地利用景观格局及其稳定性分析,流域景观格局变化对流域植被、生态风险、水质变化的影响等方面(马帅等,2021;孟瑶瑶和薛丽芳,2017;魏静等,2022;黄木易和何翔,2016)。流域土地利用变化与景观格局研究对流域综合治理和景观调控等具有非常重要的理论和现实意义(郭玉静等,2018),学者们对滇池、剑湖、洱海等流域研究较多,对阳宗海流域的研究较少。因此,以阳宗海流域作为研究区域,开展流域土地利用和景观格局的时空变化研究,对流域内土地利用、湖泊保护等具有重要意义。笔者选择2005年、2010年、2015年、2020年共4期遥感影像数据,采用目视解译和外业核查方式获取研究区矢量数据图斑,从土地利用变化、地学信息图谱、景观格局变化不同角度分析研究区土地利用景观格局变化特征,从景观空间角度探讨阳宗海湖泊面积及质心变化,以期为阳宗海湖泊及流域内土地利用、生态安全体系构建等提供数据支撑和决策依据,进一步促进湖泊流域生态环境的有效保护、合理利用与可持续发展。

5.1 土地利用数量变化

从研究区各土地利用数量变化情况来看,建设用地增幅明显。2005—2020年4期数据显示,建设用地面积占研究区土地总面积的比例分别为6.15%、6.52%、7.18%和8.52%,呈持续增加的趋势,2005—2020年建设用地面积增加809.31hm^2,增幅达2.37%;未利用地面积减幅明显,2005—2020年4期数据显示,未利用地面积占土地总面积的比例分别为16.35%、15.96%、15.82%和14.27%,呈持续减少的趋势,2005—2020年未利用地面积减少707.92hm^2,减幅达1.27%;耕地和园地面积整体表现为减少的趋势,但在2005—2020年期间有增有减,其中耕地面积在2005—2010年及2015—2020年表现为增加,2010—2015年表现为减少,园地面积在2005—2010年表现为增加,2010—2015年及2015—2020年表现为减少;

林地、草地和水域及水利设施用地面积在2005—2020年期间虽有增有减,但整体表现为增加,其中林地面积在2010—2015年表现为增加,在2005—2010年及2015—2020年表现为减少,草地面积在2005—2010年及2010—2015年表现为增加,2015—2020年表现为减少,水域及水利设施用地面积在2005—2010年表现为减少,在2010—2015年及2015—2020年表现为增加。研究区各土地利用景观类型在2005年、2010年、2015年和2020年的面积及占比情况见表5-1。

表5-1 研究区各土地利用景观类型面积及占比情况

土地利用景观类型	2005年		2010年		2015年		2020年	
	面积$(S_{CA})/hm^2$	占比$(D_{PLAN})/\%$	面积$(S_{CA})/hm^2$	占比$(D_{PLAN})/\%$	面积$(S_{CA})/hm^2$	占比$(D_{PLAN})/\%$	面积$(S_{CA})/hm^2$	占比$(D_{PLAN})/\%$
耕地	8 280.98	24.32	8 483.05	24.91	7 296.81	21.43	7 464.53	21.92
园地	261.69	0.77	295.79	0.87	238.30	0.70	228.69	0.67
林地	14 364.76	42.19	14 202.96	41.71	15 173.44	44.56	14 991.99	44.03
草地	207.97	0.61	232.84	0.68	280.12	0.82	275.31	0.81
建设用地	2 092.90	6.15	2 218.79	6.52	2 445.73	7.18	2 902.21	8.52
水域及水利设施用地	3 273.81	9.61	3 183.50	9.35	3 228.82	9.48	3 327.29	9.77
未利用地	5 568.35	16.35	5 433.53	15.96	5 387.22	15.82	4 860.43	14.27
总面积	34 050.45	100.00	34 050.45	100.00	34 050.45	100.00	34 050.45	100.00

2005—2020年期间建设用地和林地面积增加,耕地和未利用地面积减少,其他地类面积变化不大。受"退耕还林还草"政策实施影响,2010—2015年耕地面积出现大幅度减少,达1 186.24hm²;林地面积显著增加,达970.48hm²。2010—2020年期间,随着学校、华侨城温泉水上公园以及周边配套设施的建设,研究区内建设用地面积增幅明显,达683.42hm²;2015—2020年,随着阳宗海南岸"一带三区"湿地项目的实施和"退耕还湖还湿还林"政策的实施,研究区内水域及水利设施用地面积小幅增加,达98.47hm²。

表5-1显示,阳宗海流域土地利用景观类型以林地和耕地为主,两者景观类型面积占研究区土地总面积的65%以上。其中,又以林地面积占比最大,2005—2020年间林地面积占研究区土地总面积的40%以上;其次为耕地,耕地面积占研究区土地总面积的20%以上。此外,未利用地面积占研究区土地总面积的15%左右,充分说明研究区以农林生产为主,水域用地充沛。随着周边学校、温泉水上公园、阳宗海南岸滨海生态湿地等建设,研究区建设用地面积呈逐年增加趋势。研究区各土地利用类型面积变化如图5-1所示。

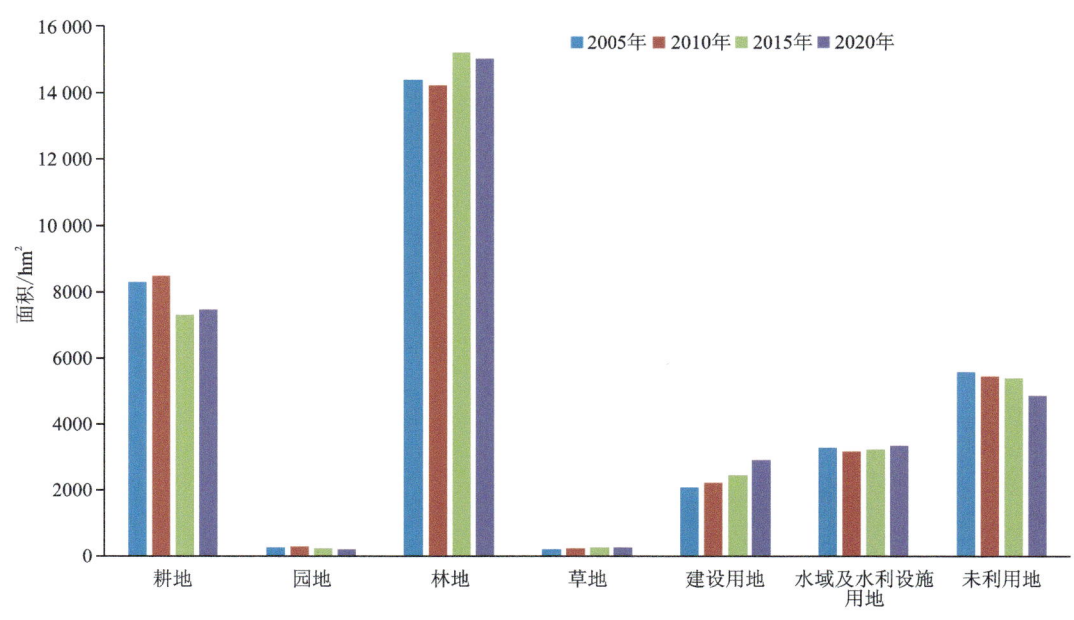

图 5-1 研究区 2005—2020 年土地利用面积变化

5.2 土地利用空间分布格局

从研究区各土地利用类型分布来看,耕地主要分布于阳宗海湖泊北岸和南岸,且南岸分布面积较大,研究区北部耕地分布相对较为分散;园地和草地在整个研究区面积占比较小,且分布较为分散;林地景观面积在研究区占比较大,且整个研究区均有分布;除阳宗海南岸有建设用地分布外,阳宗海西部和北部的建设用地面积分布较大,2005—2020 年间,随着阳宗海西部的学校、北部的华侨城水上温泉公园等投入建设,建设用地面积增加较为明显;未利用地主要分布于阳宗海东南侧,阳宗海南部也有未利用地分布,但相对较为分散。

5.3 地学信息图谱分析

地学信息图谱具有同时表达地理空间结构特征和时间动态变化的功能。利用地学信息图谱方法研究阳宗海流域土地利用时空格局变化,其本质是在 GIS 和 RS 的技术支持下,对研究区的土地利用地类图斑数据进行相应的提取,并采用空间分析等方法生成一系列具有联系的土地利用地类图斑变化信息。笔者主要采用地学信息图谱对研究区各土地利用类型时空变化特征进行分析。地学信息图谱一般包括增势图谱和减势图谱(唐秀美等,2010)。本书的增势图谱是指 2005—2010 年、2010—2015 年、2015—2020 年及 2005—2020 年由其他土地利用资源转入各土地利用类型的部分,称为新增地类来源;减势图谱是指 2005—2010 年、2010—2015 年、2015—2020 年及 2005—2020 年由各土地利用资源转为其他土地利用类型的部分,称为各地类资源减少流向(孙晓莉等,2021)。

5.3.1 2005—2010年地学信息图谱分析

研究区 2005—2010 年土地利用增势图谱和减势图谱如图 5-2 所示,各土地利用类型间相互转移矩阵情况如表 5-2 所示。

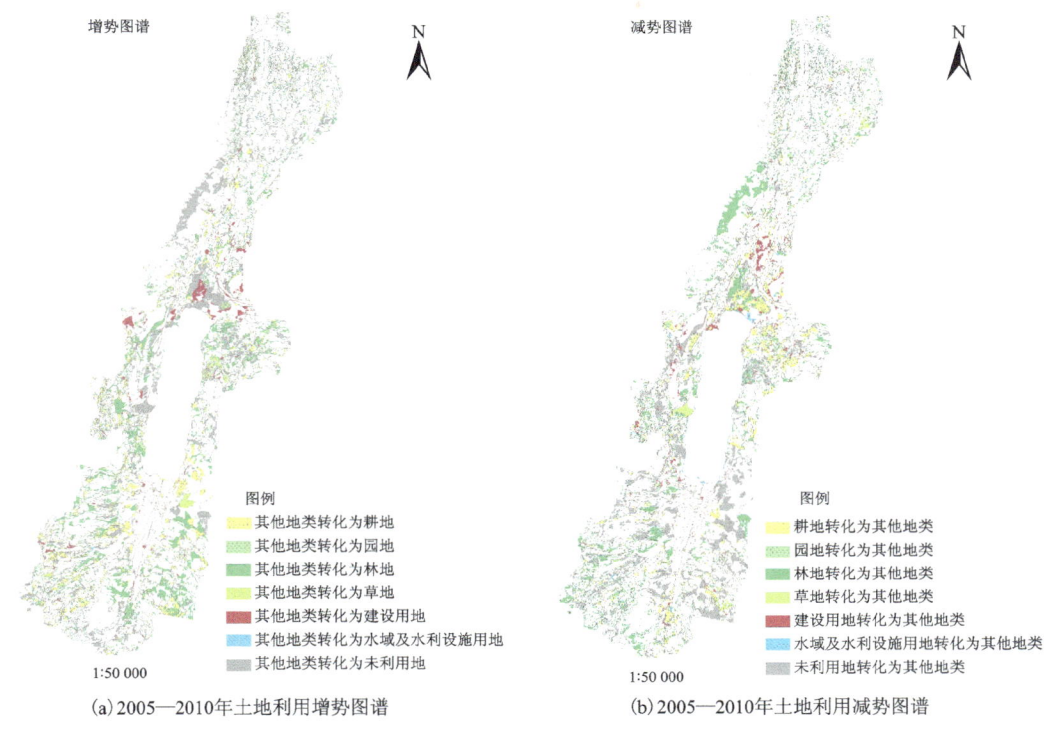

图 5-2 研究区 2005—2010 年土地利用增势图谱和减势图谱

表 5-2 显示,2005—2010 年,各土地利用类型面积均发生变化。从总体变化来看,耕地、园地、草地和建设用地面积增加,其中耕地和建设用地面积增加较多,分别净增 202.07hm²、125.89hm²;园地和草地面积增加较少,分别为 34.10hm²、24.87hm²。林地、水域及水利设施用地和未利用地面积减少,其中林地和未利用地面积减少较多,分别为 161.80hm²、134.82hm²,水域及水利设施用地面积减少 90.31hm²。

由研究区 2005—2010 年土地利用增势图谱(图 5-2(a))及表 5-2 可知,耕地面积增加的来源地类主要为林地和未利用地,两者占比达 82.45%,此外,建设用地复垦也是耕地面积增加的来源之一,耕地面积增加的来源图斑分布较为分散,且整个研究区均有分布,在此时段,人们通过开垦未利用地及占用部分林地等增加耕地面积;园地面积增加的来源地类主要为耕地、未利用地和林地,三者占比达 96.78%,且增加的园地主要分布在阳宗海西南侧和东北侧,主要受当地居民种植果树的影响;林地面积增加的来源地类主要为未利用地和耕地,两者占比达 86.36%,除阳宗海南岸外,其他区域均有分布,林地和耕地在此时段相互转换较为剧烈;草地面积增加的来源地类主要为未利用地和林地,两者占比达 86.37%,除阳宗海东岸有两块较大的草地区域外,其余主要分布在阳宗海北部,且分布较为分散,阳宗海南部分布较少;建设用地面积增加的来源地类主要为耕地和林地,两者占比达 72.97%,建设用地面积增加的区

表 5-2 研究区 2005—2010 年土地利用转移矩阵情况汇总

单位:hm²

地类	2005年面积	调整至其他地类						期内增加	期内减少	净增加	2010年面积
		耕地	园地	林地	草地	建设用地	水域及水利设施用地	未利用地				
耕地	8 280.98	0.00	87.28	903.76	22.11	360.15	16.78	704.13	2 296.27	2 094.20	202.07	8 483.05
园地	261.69	53.09	0.00	62.46	0.14	23.09	0.14	23.33	196.34	162.24	34.10	295.79
林地	14 364.76	945.23	37.34	0.00	69.33	295.70	10.74	1 630.56	2 827.09	2 988.89	−161.80	14 202.96
草地	207.97	23.35	0.23	59.29	0.00	3.80	4.29	116.07	231.91	207.04	24.87	232.84
建设用地	2 092.90	279.54	5.92	241.78	6.50	0.00	5.96	233.16	898.75	772.86	125.89	2 218.79
水域及水利设施用地	3 273.81	46.95	0.18	21.97	2.86	34.55	0.00	28.83	45.04	135.35	−90.31	3 183.50
未利用地	5 568.35	948.11	65.39	1 537.83	130.97	181.46	7.13	0.00	2 736.07	2 870.89	−134.82	5 433.53
合计	34 050.45	2 296.27	196.34	2 827.09	231.91	898.75	45.04	2 736.07	9 231.47	9 231.47	0.00	34 050.45

说明:表中数据保留 2 位小数,存在四舍五入的情况。

域较为分散,主要包括居民点和道路基础设施等;水域及水利设施用地面积增加较少,来源地类主要为耕地和林地,两者占比达 61.10%,主要表现为河流水面用地面积增加;未利用地面积增加的来源地类为林地和耕地,两者占比达 85.33%,分布范围较广,整个研究区均有分布,主要为距离居民点较远且耕作条件较差的耕地及受天气影响较大的灌木林等。总的来看,除未利用地外,耕地和林地在 2005—2010 年转换较为剧烈。

由研究区 2005—2010 年土地利用减势图谱(图 5-2(b))及表 5-2 可知,耕地流向的地类主要为林地、未利用地和建设用地,三者占比达 93.98%,主要受到新增建设用地占用耕地以及耕作条件较差的耕地流失等影响;园地流向的地类主要为林地和耕地,两者占比达 71.22%,主要受到当地居民种植果园和种植农作物存在交替的情况影响,但园地整体减少面积不大;林地流向的地类主要为未利用地和耕地,两者占比达 86.18%,整个研究区均有分布,受天气等因素影响存在一部分灌木林退化为未利用地的情况,此外也存在部分距离居民点较近的林地开垦为耕地的情况;草地流向的地类主要为未利用地和林地,两者占比达 84.70%,受到天气等因素影响可能存在部分草地退化为未利用地的情况;建设用地流向的地类主要为耕地和林地,存在采矿用地复垦为耕地和林地的情况;水域及水利设施用地流向的地类为耕地和建设用地,两者占比达 60.21%,此时段仍存在围湖造田的情况;未利用地流向的地类主要为林地和耕地,两者占比达 86.59%,存在开垦未利用地的情况,且林地和未利用地之间相互转换也较为剧烈。

5.3.2　2010—2015 年地学信息图谱分析

研究区 2010—2015 年土地利用增势图谱和减势图谱如图 5-3 所示,各土地利用类型间相互转移矩阵情况如表 5-3 所示。

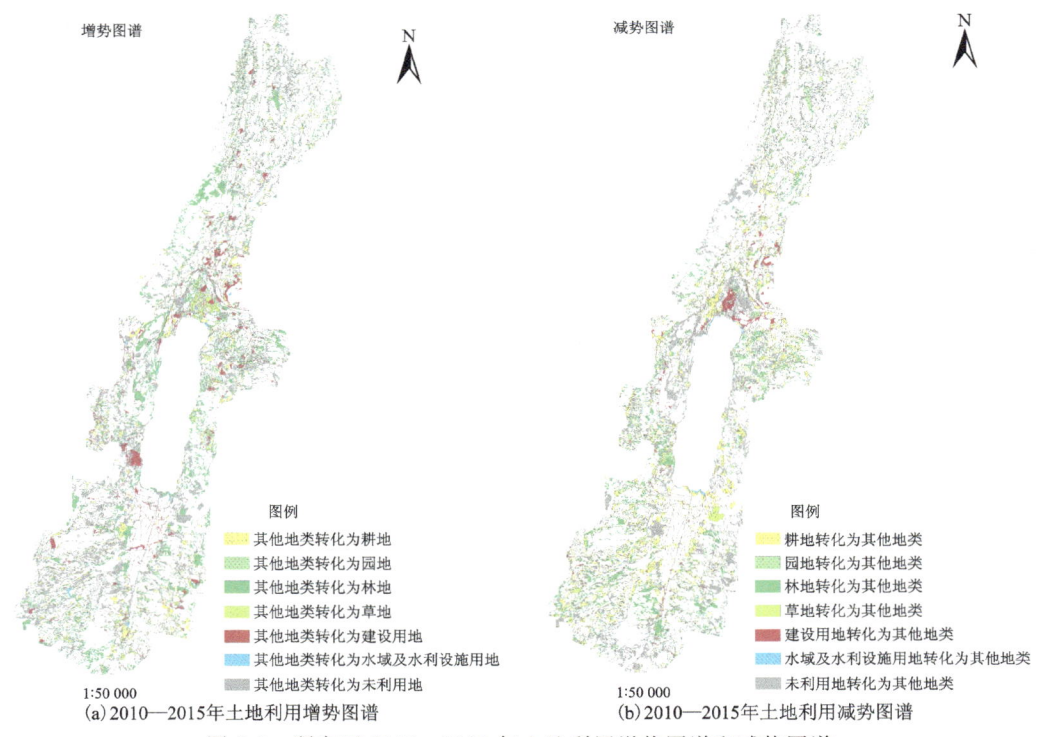

图 5-3　研究区 2010—2015 年土地利用增势图谱和减势图谱

表 5-3 研究区 2010—2015 年土地利用转移矩阵情况汇总

单位:hm²

地类	2010年面积	调整至其他地类							期内增加	期内减少	净增加	2015年面积
		耕地	园地	林地	草地	建设用地	水域及水利设施用地	未利用地				
耕地	8 483.05	0.00	111.02	1 009.40	25.69	415.94	52.00	1 154.28	1 582.09	2 768.33	-1 186.24	7 296.81
园地	295.79	59.89	0.00	97.38	0.00	29.49	0.17	73.76	203.20	260.68	-57.49	238.30
林地	14 202.96	778.06	45.09	0.00	20.60	330.49	23.79	1 129.27	3 297.79	2 327.31	970.47	15 173.44
草地	232.84	10.47	2.12	73.78	0.00	6.09	1.21	90.30	231.26	183.97	47.29	280.12
建设用地	2 218.79	230.88	8.66	291.30	55.90	0.00	21.24	221.18	1 056.11	829.16	226.95	2 445.73
水域及水利设施用地	3 183.50	14.89	0.31	19.46	4.27	8.16	0.00	28.78	121.19	75.87	45.32	3 228.82
未利用地	5 433.53	487.90	35.99	1 806.47	124.80	265.94	22.78	0.00	2 697.57	2 743.88	-46.30	5 387.22
合计	34 050.45	1 582.09	203.20	3 297.79	231.26	1 056.11	121.19	2 697.57	9 189.20	9 189.20	0.00	34 050.45

说明:表中数据保留 2 位小数,存在四舍五入的情况。

表5-3显示,2010—2015年各土地利用类型面积均发生变化。从总体变化来看,林地、草地、建设用地和水域及水利设施用地面积增加,其中林地和建设用地面积增加较多,分别为970.47hm²、226.95hm²；草地和水域及水利设施用地面积增加较少,分别为47.29hm²、45.32hm²；耕地、园地和未利用地面积减少,其中耕地面积减少较多,为1 186.24hm²,其次为园地和未利用地,面积分别减少57.49hm²、46.30hm²。

由研究区2010—2015年土地利用增势图谱(图5-3(a))及表5-3可知,耕地面积增加的来源地类主要为林地和未利用地,两者占比达80.02%,开垦未利用地和占用林地仍然是耕地增加的主要原因；园地面积增加的来源地类为耕地和林地以及未利用地,三者占比达94.54%,园地增加的区域分散且破碎,耕地仍然是园地发生转换的主要地类之一；林地面积增加的来源地类主要为耕地和未利用地,两者占比达85.39%,随着"退耕还林还草"政策实施,部分耕地开始逐步退还给林地,这也是促使林地面积增加的原因之一；草地面积增加的来源地类主要为未利用地、建设用地及耕地,三者占比达89.25%,主要表现在阳宗海北岸的采矿用地转换为草地以及阳宗海东北侧的未利用地转换为草地；建设用地面积增加的来源地类主要为耕地、林地及未利用地,三者占比达95.86%,主要是因为2010—2015年阳宗海西南侧新建学校占用林地、耕地等促使建设用地面积增加；水域及水利设施用地面积增加的来源地类主要为耕地和林地,两者占比达62.54%,主要表现为河流水面面积增加；未利用地面积增加的来源地类主要为耕地和林地,两者占比达84.65%,整个研究区均有分布。

由研究区2010—2015年土地利用减势图谱(图5-3(b))及表5-3可知,耕地流向的地类主要为林地、未利用地和建设用地,三者占比达93.18%,主要受新增建设用地占用耕地及"退耕还林还草"政策影响；园地流向的地类主要为林地、未利用地和耕地,三者占比达88.63%,主要受农户种植影响；林地流向的地类主要为耕地和未利用地,两者占比达81.95%,整个研究区均有分布；草地流向的地类主要为林地和未利用地,两者占比达89.19%,主要受草地退化及判读时出现"林下草"的影响；建设用地流向的地类主要为耕地、林地和未利用地,三者占比达89.65%,主要表现为部分采矿用地复垦为耕地、林地及未利用地等；水域及水利设施用地流向的地类主要为未利用地、林地和耕地,三者占比达83.21%,主要受河流水面不同年份水位线不同可能在判读时出现水域及水利设施用地与耕地、未利用地等相互转换情况的影响；未利用地流向的地类主要为林地,占比达65.84%,且分布较广,整个研究区均有分布。

5.3.3　2015—2020年地学信息图谱分析

研究区2015—2020年土地利用增势图谱和减势图谱如图5-4所示,各土地利用类型间相互转移矩阵情况如表5-4所示。

表5-4显示,2015—2020年各土地利用类型面积均发生变化。从总体变化来看,耕地、建设用地和水域及水利设施用地面积增加,其中建设用地面积增加最多,达456.48hm²；其次为耕地和水域及水利设施用地,面积分别为167.72hm²、98.46hm²。园地、林地、草地和未利用地面积减少,其中未利用地和林地面积减少较多,分别为526.80hm²、181.44hm²；园地和草地面积减少较少,分别为9.61hm²、4.81hm²。

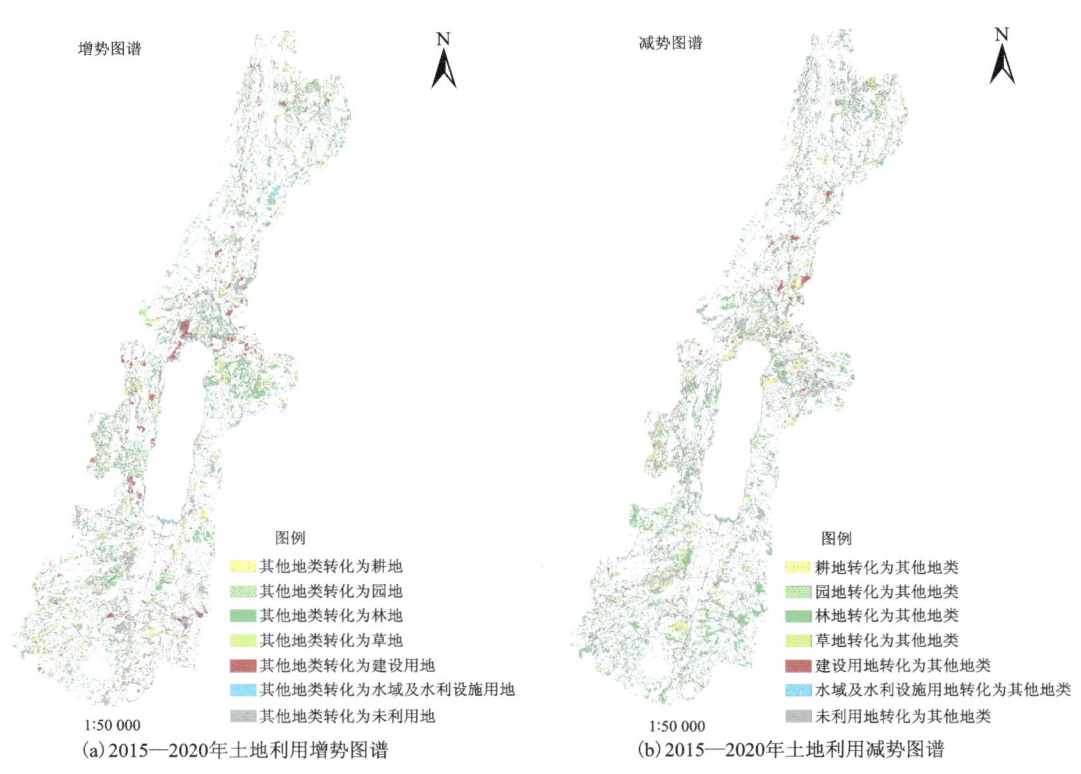

图 5-4　研究区 2015—2020 年土地利用增势图谱和减势图谱

由研究区 2015—2020 年土地利用增势图谱(图 5-4(a))及表 5-4 可知,耕地面积增加的来源地类主要为林地和未利用地,两者占比达 84.20%,此时段开垦未利用地和占用林地仍然是耕地面积增加的主要原因;园地面积增加的来源地类主要为耕地、未利用地和林地,三者占比达 98.12%,随着近年马郎樱桃文化节活动的开展,园地面积不断增加,园地和耕地之间的相互转换较为剧烈;林地面积增加的来源地类主要为未利用地和耕地,占比达 86.95%,主要受当地"退耕还林还草"政策实施以及通过退耕和开垦质量较好的未利用地进行林地种植的影响;草地面积增加的来源地类主要为林地和未利用地,两者占比达 79.81%,主要分布于阳宗海周边区域;建设用地面积增加的来源地类主要为林地、未利用地和耕地,三者占比达 96.89%,主要被新增居民点、基础设施及温泉水世界等占用;水域及水利设施用地面积增加的来源地类主要为林地、未利用地和耕地,三者占比达 79.40%,主要表现为阳宗海湖泊的外围面积增加;未利用地面积增加的来源地类主要为林地,占比达 59.10%,在此时段内林地和未利用地之间的相互转换表现得仍然较为剧烈。

由研究区 2015—2020 年土地利用减势图谱(图 5-4(b))及表 5-4 可知,耕地流向的地类主要为林地、建设用地和未利用地,三者占比达 92.09%,主要受新增建设用地占用及"退耕还林还草"政策影响,耕地流向未利用地较为分散,分布于整个研究区域;园地流向的地类主要为耕地和林地,两者占比达 80.22%,受当地居民种植结构调整等影响;林地流向的地类主要为耕地和未利用地,两者占比达 81.88%,此时段虽然"退耕还林还草"政策实施有一定成效,但仍存在将林地开垦为耕地的情况,此外受天气等因素影响,部分林地存在退化为裸地的情况;

表 5-4 研究区 2015—2020 年土地利用转移矩阵情况汇总

单位：hm²

地类	2015年面积	调整至其他地类							期内增加	期内减少	净增加	2020年面积
		耕地	园地	林地	草地	建设用地	水域及水利设施用地	未利用地				
耕地	7 296.81	0.00	101.39	764.00	10.57	277.53	26.53	571.34	1 919.08	1 751.36	167.72	7 464.53
园地	238.30	99.26	0.00	77.96	0.25	6.51	4.94	32.02	211.31	220.92	−9.61	228.69
林地	15 173.44	895.98	52.79	0.00	38.63	335.95	38.21	1 207.53	2 387.65	2 569.09	−181.44	14 991.99
草地	280.12	6.35	0.00	32.48	0.00	12.59	3.77	57.06	107.45	112.26	−4.81	275.31
建设用地	2 445.73	184.96	3.72	193.08	8.54	0.00	21.54	163.04	1 031.36	574.88	456.48	2 902.21
水域及水利设施用地	3 228.82	12.65	0.25	8.00	2.33	13.01	0.00	12.19	146.89	48.43	98.46	3 327.29
未利用地	5 387.22	719.88	53.16	1 312.14	47.13	385.78	51.89	0.00	2 043.18	2 569.97	−526.80	4 860.43
合计	34 050.45	1 919.08	211.31	2 387.65	107.45	1 031.36	146.89	2 043.18	7 846.93	7 846.93	0.00	34 050.45

说明：表中数据保留 2 位小数，存在四舍五入的情况。

草地流向的地类主要为林地和未利用地,两者占比达79.76%,主要分布于阳宗海西侧和东北侧;建设用地流向的地类主要为林地、未利用地和耕地,三者占比达94.12%,主要表现为建设用地复垦为林地和耕地;水域及水利设施用地流向的地类主要为耕地和未利用地,主要受围湖造田使得部分水域转化为耕地的情况影响;未利用地流向的地类主要为林地和耕地,两者占比达79.08%,存在将耕作半径较小的未利用地开垦为耕地和林地的情况。

5.3.4　2005—2020年地学信息图谱分析

研究区2005—2020年土地利用增势图谱和减势图谱如图5-5所示,各土地利用类型间相互转移矩阵情况如表5-5所示。

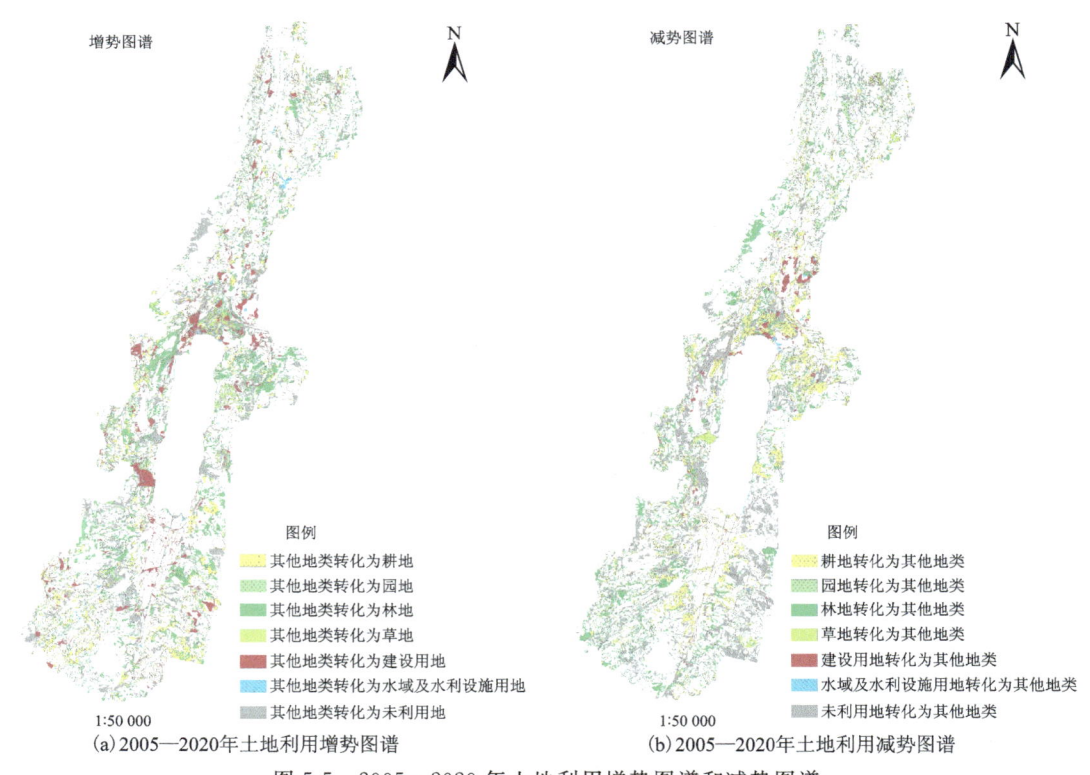

图5-5　2005—2020年土地利用增势图谱和减势图谱

表5-5显示,2005—2020年各土地利用类型面积均发生变化。从总体变化来看,耕地、园地和未利用地面积减少,其中耕地和未利用地面积减少较多,分别为816.45hm²、707.92hm²,园地面积减少较少,为33.00hm²;林地、草地、建设用地和水域及水利设施用地面积增加,其中建设用地和林地面积增加较多,分别为809.31hm²、627.23hm²,草地和水域及水利设施用地面积增加较少,分别为67.35hm²、53.48hm²。

由研究区2005—2020年土地利用增势图谱(图5-5(a))及表5-5可知,耕地面积增加的来源地类主要为林地和未利用地,两者占比达85.15%,除阳宗海东岸耕地面积增加较少之外,其他区域均有分布,说明随着人口增加,主要通过开垦未利用地等促使耕地面积增加;园地面积增加的来源地类主要为耕地和未利用地,两者占比达74.84%,主要分布于阳宗海西南侧,

表 5-5 研究区 2005—2020 年土地利用转移矩阵情况汇总

单位：hm²

地类	2005年面积	调整至其他地类							期内增加	期内减少	期内净增加	2020年面积
		耕地	园地	林地	草地	建设用地	水域及水利设施用地	未利用地				
耕地	8 280.98	0.00	96.83	1 290.50	70.93	655.17	52.27	861.57	2 210.82	3 027.28	−816.45	7 464.53
园地	261.69	67.28	0.00	113.64	3.59	28.58	0.37	28.59	209.05	242.05	−33.00	228.69
林地	14 364.76	1 020.82	45.78	0.00	72.04	386.50	34.69	1 291.55	3 478.61	2 851.38	627.23	14 991.99
草地	207.97	31.14	2.15	74.45	0.00	7.92	5.72	85.54	274.28	206.93	67.35	275.31
建设用地	2 092.90	212.46	4.54	244.48	27.89	0.00	20.96	180.58	1 500.23	690.92	809.31	2 902.21
水域及水利设施用地	3 273.81	17.51	0.12	14.18	3.31	25.92	0.00	15.73	130.25	76.78	53.48	3 327.29
未利用地	5 568.35	861.61	59.64	1 741.36	96.51	396.12	16.25	0.00	2 463.58	3 171.50	−707.92	4 860.43
合计	34 050.45	2 210.82	209.05	3 478.61	274.28	1 500.23	130.25	2 463.58	10 266.83	10 266.83	0.00	34 050.45

说明：表中数据保留 2 位小数，存在四舍五入的情况。

少量分布于阳宗海流域最北部等区域,马郎樱桃旅游节带动了当地群众种植樱桃等当地水果,使得阳宗海西南侧等区域的部分耕地流向园地;林地面积增加的来源地类主要为耕地和未利用地,两者占比达 87.16%,整个研究区域均有分布,主要受当地"退耕还林还草"政策实施的影响,通过退耕和开垦质量较好的未利用地进行林地种植;草地面积增加的来源地类主要为未利用地和林地,两者占比达 61.45%,其次为耕地,主要分布于阳宗海周边区域,较为分散,距离居民地较远且耕种条件差的耕地容易转化为草地(此外,判读时容易受到"林下草"的影响,即在影像判读过程中由于林地种植具有周期性,当树木较小时,影像判读为草地,使得新增草地来源于林地;而当树木生长茂密时,出现遮盖草地的情况,使得影像判读为林地,出现草地流向林地的情况);建设用地面积增加的来源地类主要为耕地、未利用地和林地,三者占比达 95.84%,除了增加新修建的道路等基础配套设施外,主要为阳宗海西南侧的云南国土资源职业学院、阳宗海北部的华侨城温泉公园,增加的建设用地占用了较多的耕地、未利用地和林地等;水域及水利设施用地面积增加的来源地类主要为耕地和林地,两者占比达 66.76%,主要原因是坑塘水面面积增加及阳宗海沿岸部分"退耕退林还湖"政策的实施;未利用地面积增加的来源地类主要为林地和耕地,两者占比达 87.40%,整个研究区域均有分布,主要包括耕种条件较差、距居民地较远等因素导致耕种荒废的耕地以及受天气等因素影响退化为未利用地的灌木林地等。

由研究区 2005—2020 年土地利用减势图谱(图 5-5(b))及表 5-5 可知,耕地流向的地类主要为林地和建设用地,两者占比达 64.27%,主要原因为新增建设用地占用耕地及受"退耕还林还草"政策的影响;园地流向的地类主要为耕地和林地,两者占比达 74.74%,主要受当地群众种植果园和农作物的影响;林地流向的地类主要为未利用地和耕地,两者占比达 81.10%,受天气等因素影响一部分灌木林转化为未利用地,虽然当地实施"退耕还林还草"政策,但仍然存在将林地开垦为耕地的情况;草地流向的地类主要为未利用地和林地,两者占比达 58.33%,一部分草地受到天气等因素影响转化为未利用地,此外受到上述"林下草"因素的影响;建设用地流向的地类主要为耕地和林地,两者占比达 66.13%,主要原因为部分农村建设用地复垦为耕地,采矿用地复垦为林地;水域及水利设施用地流向的地类主要为耕地和建设用地,两者占比达 56.57%,主要原因为围湖造田使得部分水域转化为耕地,农村居民点用地占用部分坑塘水面等;未利用地流向的地类包含所有地类,主要为林地、耕地和建设用地,三者占比达 94.56%,存在新增建设用地占用未利用地以及将未利用地开垦为耕地和林地的情况。

5.4　土地利用景观格局变化

景观格局指数是能够高度浓缩景观格局信息并反映其结构组成和空间分布特征的定量指标。为了既全面反映研究区景观格局时空变化特征,又有效地减少信息冗余,笔者借助 ArcGIS 10.0 和 Fragstats 4.2 软件对各地类图斑进行相应处理,将研究区 4 期矢量数据图斑转化为栅格数据(栅格单元大小为 10m×10m)。主要选择斑块个数(N_{NP})、平均斑块面积(S_{MPS})、斑块形状指数(I_{SHAPE})、聚合度指数(A_{AI})、蔓延度指数(C_{CONTAG})、均匀度指数(e_{SHEI})、景观多样性指数(D_{SHDI})7 个指标,从景观尺度分析阳宗海流域 2005—2020 年期间土地利用景观格局变化特征并揭示其所蕴含的景观效应(图5-6)(林伊琳等,2019)。

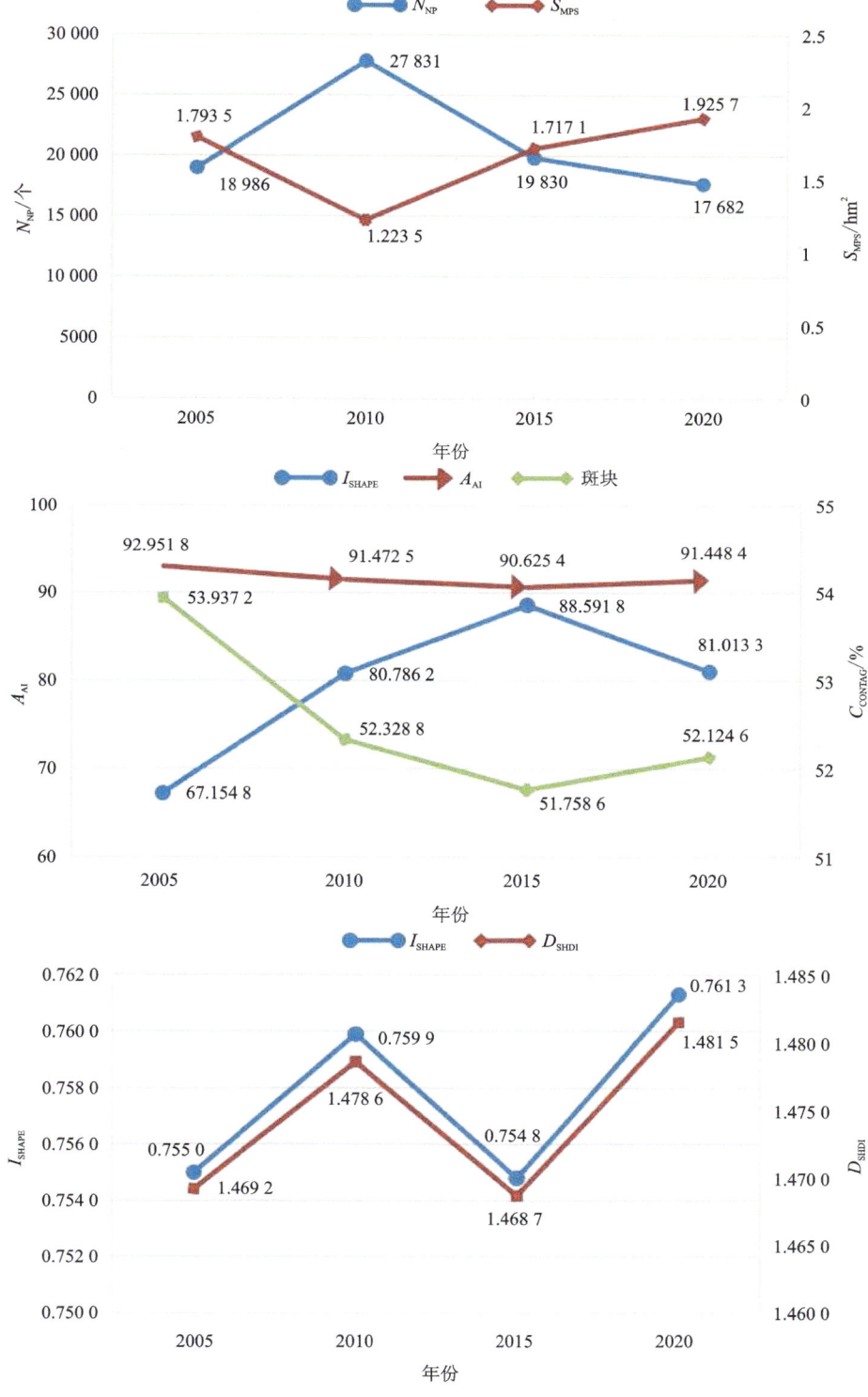

图 5-6 阳宗海流域空间格局景观指数变化

阳宗海流域景观斑块个数呈先增加后减少趋势，2005—2010 年增加，2010—2020 年减少，阶段性特征明显，其中 2005—2010 年斑块个数增加，平均斑块面积减少，表明研究区景观格局受人类社会经济活动干扰，景观破碎化程度增强；2010—2020 年斑块个数减少，平均斑块面积增加，表明研究区景观格局逐步向着聚集方向发展。15 年间研究区景观蔓延度指数虽有小幅波动，但整体变化不大，说明研究区内优势斑块类型连接性较好，未出现明显破坏情况，且随着研究区道路等基础设施不断完善，进一步增强了景观连通性。聚合度呈减小趋势，但变化较缓，说明研究区相同斑块类型的聚集程度降低，呈景观破碎化趋势，但不明显。景观多样性指数和均匀度指数虽出现一定的波动变化，呈先上升、后下降、再上升的趋势，但变化幅度不大，说明研究区景观多样性和景观优势度相对较为稳定。总体而言，阳宗海流域 2005—2020 年空间格局景观特征具有一定的空间分异性，2010 年以后研究区逐步进行治理和保护，景观聚合度、景观多样性和景观优势度等均保持相对稳定，人为因素干扰得到缓解，生态环境得到保护。

5.5 阳宗海湖面面积变化

利用研究区 2005—2020 年的阳宗海湖面矢量图斑数据进行统计，得到阳宗海湖面面积，如表 5-6 所示。2005—2015 年阳宗海湖面面积呈逐年减少趋势，其中 2005—2010 年减少 50.43 hm^2，2010—2015 年减少 32.95 hm^2。2010—2015 年与 2005—2010 年的数据对比显示缩减速度减缓，2015—2020 年阳宗海湖面面积增加，面积达 70.24 hm^2。总体来看，2005—2020 年阳宗海湖面面积呈先减少后增加的趋势。这与当地出台的《云南省阳宗海保护条例》，实施"退耕还湖"政策以及入湖河道治理措施等密不可分。

表 5-6 阳宗海湖面景观参数

年份	景观面积(S_{CA})/hm^2	斑块形状指数(I_{SHAPE})	平均斑块分维数(F_{MPFD})
2005 年	3 092.11	1.831 1	1.070 2
2010 年	3 041.68	1.820 6	1.069 7
2015 年	3 008.73	1.853 2	1.071 7
2020 年	3 078.97	1.866 7	1.072 4

面积加权平均斑块形状指数和平均斑块分维数用于度量斑块形状的复杂程度，其值越高说明形状越复杂。表 5-6 显示，2005—2010 年平均斑块形状指数和平均斑块分维数减少，2010—2020 年连续增加，但 2015—2020 年增幅较缓。阳宗海 2008 年发生污染以来，当地政府高度重视，实施一系列举措治理和保护阳宗海。相较于 2005 年、2015 年，2010 年出现了较为重要的转折点，尤其是阳宗海南岸和北岸入湖口形状变化较为明显，这与平均斑块形状指数和平均斑块分维数反映的情况相吻合。2015—2020 年，随着阳宗海湿地项目落地，阳宗海湖泊平均斑块形状指数和平均斑块分维数出现小幅增加现象。

5.6 阳宗海湖泊质心变化

质心是描述地理空间对象分布的重要指标,可以用来表示地理空间对象分布发生的变化情况。图5-7显示,阳宗海湖泊质心在2005—2010年期间总体向东北方向偏移3.51m,2010—2015年总体向东北方向偏移15.92m,2015—2020年总体向西南方向偏移22.74m。可将阳宗海湖泊质心偏移分为2个时期:2005—2015年,整体向东北方向偏移,且2005—2010年期间偏移速度较为缓慢;2015—2020年,湖泊质心偏移方向发生变化,由2005—2015年的向东北方向偏移转变为向西南方向发生偏移,且偏移速度较快。阳宗海南岸及湖泊周边从"泥沙淤积"到"围湖造田""围湖建塘",再到"退耕还湖"的各时期转变直接影响着阳宗海湖泊质心发生变化。

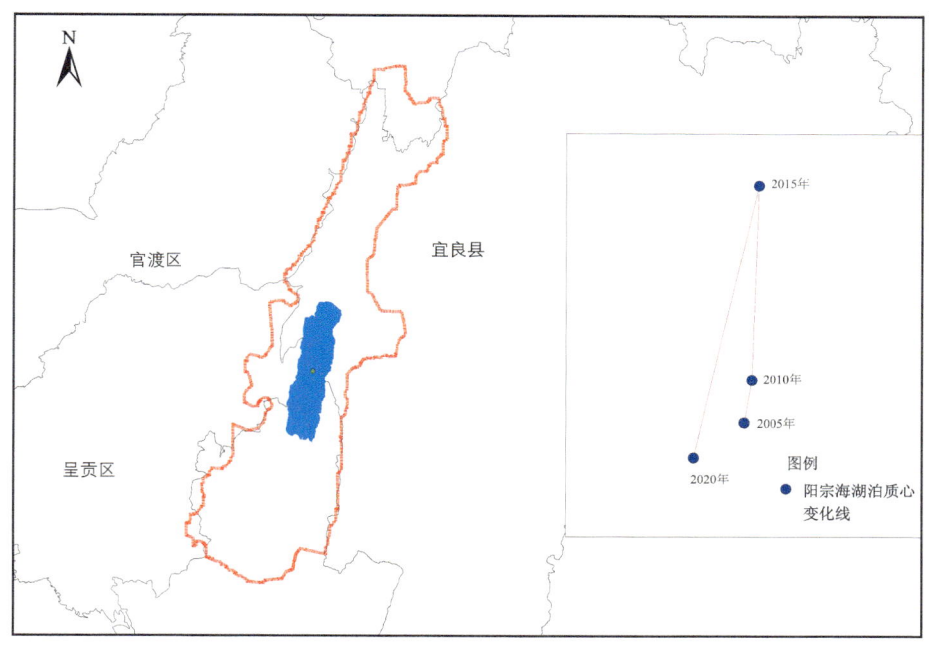

图5-7 2005—2020年阳宗海湖泊质心变化示意图

5.7 本章小结

许多学者从阳宗海流域重金属污染(邹鲤岭等,2021)、生态环境质量变化(朱泓等,2020)等方面进行分析研究,而从土地利用景观格局角度对阳宗海流域开展相关的研究较少。笔者选择2005年、2010年、2015年、2020年4期数据,采用土地利用转移矩阵、景观格局指数计算等方法,对研究区土地利用数量、景观格局指数进行分析,研究结果与樊凯等(2018)、朱泓等(2020)得出的结论基本一致。2010—2020年,随着人类活动强度降低,斑块数量、景观多样性指数和景观优势度等虽有小幅变化,但景观结构整体趋于稳定,生态环境质量持续变好。若能对更高分辨率、长时间序列的影像数据进行分析,研究结果可能会更具有系统性和针对性。流域土地利用景观格局变化是一个长期、动态的过程,阳宗海流域景观格局变化是否受到气温、降雨量、植被等自然因素以及人类活动因素、政策因素等驱动机制影响,阳宗海湖泊的水质变化是否与流域内土地利用景观格局变化存在直接关联等将是今后进一步探索和研究的方向。

从整体来看,阳宗海流域在2005—2020年期间各地类既有增加,也有减少。受社会经济发展、人口增加及当地政府实施"退耕还林还草"政策等因素影响,建设用地面积、林地面积呈增加趋势,未利用地面积、耕地面积减少,园地等其余地类面积变化幅度不大。2005—2010年,受人为干扰等因素影响,流域内土地利用景观破碎度增强,湖泊面积减少。2010—2020年,研究区景观格局逐步向着聚集方向发展,景观多样性和景观优势度相对较为稳定,湖泊面积由减向增变化,生态环境治理和保护成效得以体现。此外,随着阳宗海湖泊周边"退耕还湖""河道治理"等措施的实施,阳宗海湖泊平均斑块形状指数和平均斑块分维数越来越复杂,质心发生偏移。研究结果可为构建湖泊流域生态安全体系提供数据支撑和决策依据,对促进湖泊流域生态环境的有效保护、合理利用与可持续发展具有重要的意义(喻庆国等,2015)。

主要参考文献

葛茹香,马超,2022.干旱高原湖泊湿地土地利用变化与驱动因素分析——以泊江海子湿地闭流区为例[J].水土保持研究,29(1):376-385.

袁轶男,金云峰,聂晓嘉,等,2020.基于Fragstats4的上海市城市景观格局指数动态研究[J].山东农业大学学报(自然科学版),51(6):1157-1162.

尹志恒,甄艳,杨晓钦,等,2021.1997—2017年盐城国家级珍禽自然保护区景观格局时空演变分析[J].测绘与空间地理信息,44(12):63-67,71.

马帅,程浩,林晨,等,2021.江淮生态经济区土地利用景观格局时空变化[J].水土保持研究,28(1):292-299.

阿斯卡尔江·司迪克,楚新正,艾里西尔·库尔班,2010.新疆艾里克湖滨绿洲景观空间格局动态变化[J].湖泊科学,22(5):793-798.

孟瑶瑶,薛丽芳,2017.南四湖流域土地利用及其景观格局变化分析[J].水土保持研究,24(3):246-252.

魏静,刘丽丽,王红云,等,2022.1990—2020年太行山区土地利用景观格局时空变化[J].中国生态农业学报(中英文),30(7):1123-1133.

樊凯,张建生,裴文娟,等,2018.云南省三大高原湖泊流域土地利用景观格局及其稳定性分析[J].西南农业学报,31(8):1706-1711.

易扬,信忠保,覃云斌,等,2013.生态植被建设对黄土高原农林复合流域景观格局的影响[J].生态学报,33(19):6277-6286.

黄木易,何翔,2016.近20年来巢湖流域景观生态风险评估与时空演化机制[J].湖泊科学,28(4):785-793.

祁兰兰,王金亮,叶辉,等,2021.滇中"三湖流域"土地利用景观格局与水质变化关系研究[J].水土保持研究,28(6):199-208.

郭玉静,王妍,郑毅,等,2018.滇西北高原湖泊剑湖流域景观时空演变特征[J].浙江农林大学学报,35(4):695-704.

余晓珊,蒙红卫,黄林培,等,2020.滇中阳宗海流域过去1200年以来的环境变化[J].生态学杂志,39(6):1896-1910.

任世川,2012.滇中阳宗海流域岩溶地下水系统及其脆弱性评价[D].昆明:昆明理工大学.

乔伟峰,盛业华,方斌,等,2013.基于转移矩阵的高度城市化区域土地利用演变信息挖掘——以江苏省苏州市为例[J].地理研究,32(8):1497-1507.

汪清川,奚砚涛,刘欣然,等,2021.生态服务价值对土地利用变化的时空响应研究——以徐州市为例[J].自然资源遥感,33(3):219-228.

马姣娇,牛安逸,徐颂军,等,2018.基于地学信息图谱的珠海淇澳岛土地利用格局分析[J].华南师范大学学报(自然科学版),50(2):77-85.

陈国平,赵俊三,李红波,等,2016.滇中城市群耕地时空变化分析方法[J].昆明理工大学学报(自然科学版),41(2):24-32.

唐秀美,陈百明,路庆斌,等,2010.城市边缘区土地利用景观格局变化分析[J].中国人口·资源与环境,20(8):159-163.

林伊琳,赵俊三,张萌,等,2019.滇中城市群国土空间格局识别与时空演化特征分析[J].农业机械学报,50(8):176-191.

WANG F H,2006. Quantitative methods and application in GIS[M]. Hoboken:CRC Press.

孙晓莉,赵然,和万荣,等,2021.基于Logistic回归模型的会泽县草地资源变化及驱动力分析[J].西南农业学报,34(6):1309-1315.

邹鲤岭,李昌盛,郎学伟,2021.昆明阳宗海沿岸农田土壤及农作物砷污染特征研究与评价[J].西南农业学报,34(5):1096-1100.

朱泓,王金亮,程峰,等,2020.滇中湖泊流域生态环境质量监测与评价[J].应用生态学报,31(4):1289-1297.

喻庆国,卢双珍,曹顺伟,等,2015.滇西北4个高原湖泊演变特征及其驱动因子[J].西部林业科学,44(1):1-8.

第6章 阳宗海流域耕地空间分布格局及变化特征

耕地资源作为人类生存和发展的基础性资源,在保障国家和地区粮食安全等方面发挥重要的作用(任平等,2016)。但随着社会经济发展,城镇建设用地占用、生态退耕还林、农业内部结构调整等导致耕地资源呈逐渐减少的发展态势。摸清耕地资源现状是保障国家粮食安全和社会稳定的重要前提(夏利恒等,2021),因此开展耕地空间分布特征变化研究具有十分重要的现实意义。近年来,耕地资源时空变化及驱动机制成为国内外诸多学者研究的热点问题,研究内容主要集中在耕地空间分布、时空变化及驱动机制、耕地质量等方面(李笑莹等,2020;赵晓丽等,2014;谭雪兰等,2012;张晗等,2017)。阳宗海是云南九大高原湖泊之一,目前学者们将研究重点放在水资源评价(蔡艳洁等,2017)、重金属污染等方面,而对阳宗海流域土地利用变化尤其是耕地空间分布格局变化的相关研究较少。笔者以阳宗海流域为研究对象,利用 ArcGIS 和 Fragstats 4.2 软件,通过动态变化度、转移矩阵、地形条件、地学信息图谱及景观格局指数等不同指标对研究区 2005 年、2010 年、2015 年、2020 年 4 期数据进行耕地空间分布格局及变化特征分析,为阳宗海流域耕地资源可持续利用及未来国土空间规划提供参考依据。

6.1 耕地空间分布及变化特征

6.1.1 耕地数量变化

阳宗海流域内 2005 年、2010 年、2015 年和 2020 年耕地面积分别为 8 280.98hm²、8 483.05hm²、7 296.81hm² 和 7 464.53hm²。2005—2020 年各时段耕地面积呈增加—减少—增加的趋势,其中以 2010—2015 年耕地数量变化最为显著,该时期受"退耕还林还草"政策及研究区内学校、温泉公园等新增建设用地占用耕地等影响,耕地面积减少达 1 186.24hm²(表 6-1,图 6-1)。

表 6-1 2005—2020 年研究区内各县(市、区)耕地面积

县(市、区)	2005 年	2010 年	2015 年	2020 年
	耕地面积/hm²			
呈贡区	492.88	607.91	525.76	528.74
澄江市	3 717.77	4 284.90	3 670.65	3 851.52
官渡区	30.85	36.97	46.03	43.53

续表 6-1

县(市、区)	2005 年	2010 年	2015 年	2020 年
	耕地面积/hm²			
嵩明县	331.17	335.41	343.84	410.52
宜良县	3 708.30	3 217.86	2 710.52	2 630.22
合计	8 280.97	8 483.05	7 296.80	7 464.53

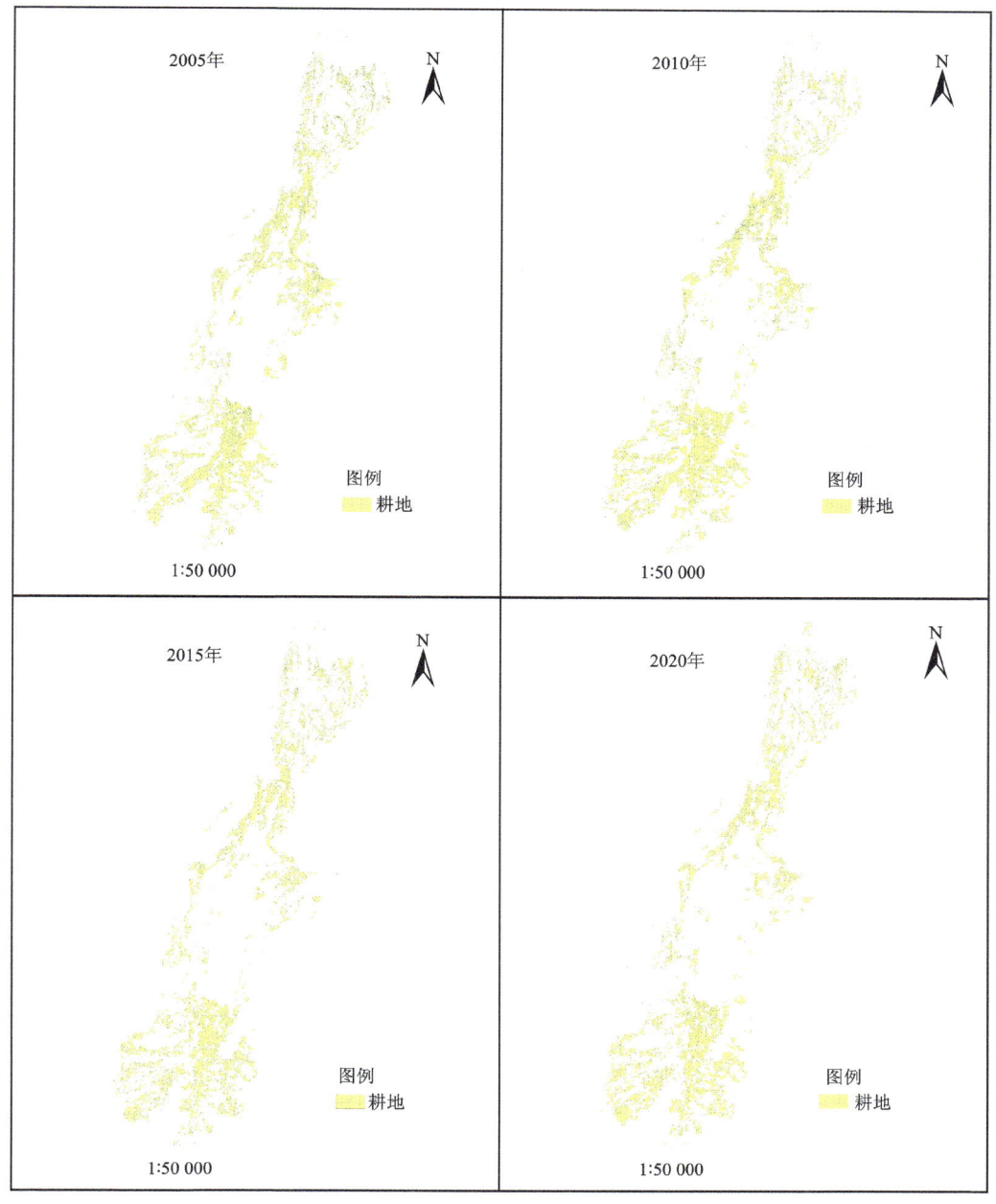

图 6-1　2005—2020 年 4 期研究区耕地空间分布

6.1.2 耕地动态变化度分析

阳宗海流域内耕地分布于昆明市的呈贡区、宜良县、嵩明县、官渡区,玉溪市的澄江市,其中面积分布较广的为澄江市和宜良县,呈贡区、嵩明县和官渡区的耕地面积较少。笔者以县(市、区)为研究尺度,对研究区各时段耕地动态变化度进行分析。

从耕地动态变化度结果来看(图6-2),研究区2005—2010年耕地面积增加202.07hm²,耕地动态变化度为0.49%,除宜良县耕地动态变化度为负值外,其他县(市、区)均为正值。此时段耕地增加区域主要分布于8°以上坡度范围内,0°~8°坡度范围内耕地面积表现为减少,其中城镇建设用地占用面积为31.99hm²,主要分布于宜良县、澄江市和呈贡区。2010—2015年耕地面积减少1 186.24hm²,耕地动态变化度为-2.80%,除官渡区和嵩明县动态变化度为正值外,其他3个县(市、区)的耕地动态变化度均为负值。此时段耕地减少区域在各坡度范围内均有分布,其中坡度在25°以下范围内退耕还林面积为192.65hm²。2015—2020年耕地面积增加167.72hm²,耕地动态变化度为0.46%,除官渡区和宜良县耕地动态变化度为负值外,其他3个县(市、区)的耕地动态变化度均为正值。此时段耕地增加区域主要分布在8°以上坡度范围内,0°~8°坡度范围内耕地面积表现为减少,其中城镇建设用地占用面积为48.36hm²,主要分布于澄江市和宜良县。从整体来看,2005—2020年耕地面积共减少816.45hm²,耕地动态变化度为-0.66%,除宜良县耕地动态变化度为负值外,其他县(市、区)的耕地动态变化度均为正值。各县(市、区)耕地面积在15年间既有增加,也有减少,耕地面积变化呈现一定的差异性。

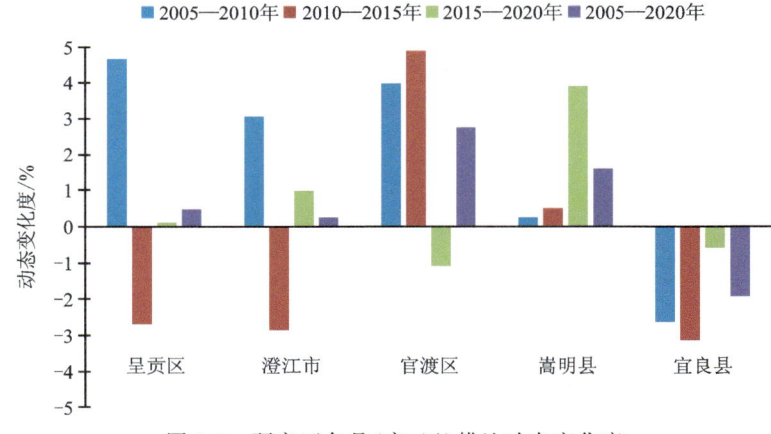

图6-2 研究区各县(市、区)耕地动态变化度

6.2 不同地形条件下耕地空间分布特征

6.2.1 基于高程梯度差异的耕地资源空间分布特征

笔者根据阳宗海流域地形地貌特征,结合实际外业核查情况,将研究区高程划分为4个不同等级,分别为:< 2000m、2000~2300m、2300~2600m、2600~2900m,并计算出研究区

2005年、2010年、2015年、2020年4期不同高程内的耕地面积分布,如图6-3所示。研究结果显示:耕地数量在＜2000m高程内分布较多,占比达45%以上,说明在海拔较低的区域更方便进行耕作;随着海拔的增加,耕种难度和耕作半径增加,耕地分布面积逐渐减少。从各时段耕地面积对比来看,＜2000m高程内耕地更容易被新增居民地等建设用地占用,呈减少趋势。2010—2015年耕地在2000～2600m高程范围内面积虽有小幅减少,但整体相对稳定,变化不大。在2300～2600m高程内通过开垦未利用地等,耕地面积整体呈小幅上升趋势;在2600～2900m高程内,耕地面积占比较少,整体变化不大。这一变化过程说明人类活动对耕地空间特征变化的影响主要集中在海拔2600m以下的区域。

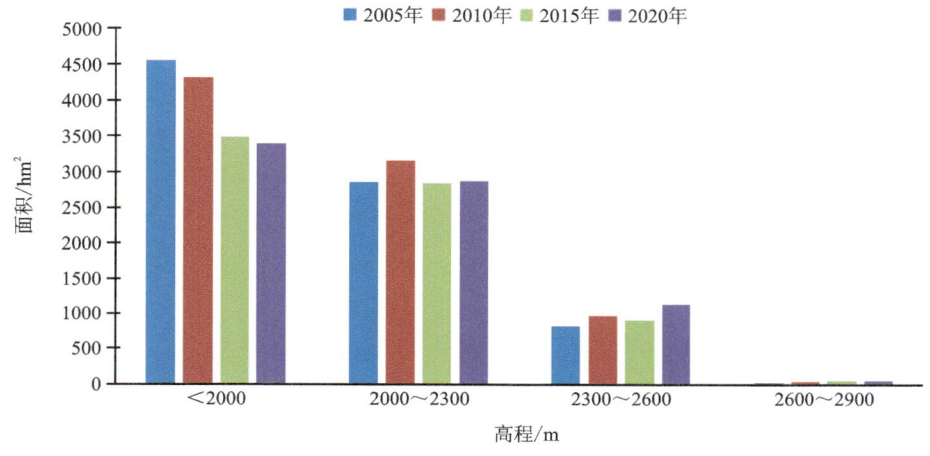

图6-3　2005—2020年不同高程耕地面积分布

6.2.2　基于坡度差异的耕地资源空间分布特征

笔者参照《土地利用现状调查技术规程》,结合阳宗海流域实际情况,将坡度划分为4个不同的等级,分别为0°～8°、8°～15°、15°～25°、25°以上(书中所有出现的坡度分类均为上含下不含,即0°～8°(包含8°)、8°～15°(不包含8°,包含15°),下同),并计算出研究区2005年、2010年、2015年、2020年4期不同坡度差异内的耕地面积分布如图6-4所示。研究结果显示,随着

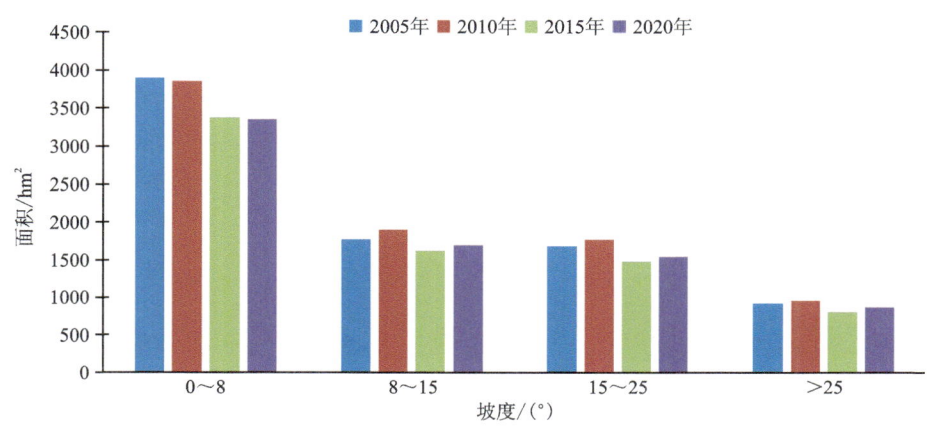

图6-4　2005—2020年不同坡度耕地面积分布

坡度的增加,耕地面积数量呈逐渐减少的趋势,说明坡度对受人类活动强度干扰较大的耕地空间分布存在一定的影响,较为平缓的坝区优先成为农作物的耕种选择。但从各年份耕地数量增减来看,除0°～8°坡度范围内各年份耕地呈逐年减少的趋势外,其他坡度范围内各年份耕地数量的增减变化均与整个研究区域耕地数量变化趋势一致,说明对于耕地增加或减少来说并没有较为明显的坡度选择,人们往往更多考虑的是耕作半径等因素。

6.2.3 基于坡向差异的耕地资源空间分布特征

根据坡向,将南坡、西南坡划分为阳坡(157.5°～247.5°),北坡、东北坡划分为阴坡(0°～67.5°、337.5°～360°),西坡、东南坡划分为半阳坡(112.5°～157.5°、247.5°～292.5°),东坡、西北坡划分为半阴坡(67.5°～112.5°、292.5°～337.5°)。从研究区各年份不同坡向的耕地面积占比结果来看,耕地在阴坡和半阴坡分布的优势度高于阳坡和半阳坡,阴坡和半阴坡水热条件变化比半阳坡的小,土壤发育较为充分,因土壤有机质含量高等条件更适合耕种。从各年份不同坡向的耕地面积分布来看,耕地分布呈"先增加、再减少,然后增加"的趋势,这与研究区耕地总面积呈现的变化趋势一致,说明在耕地增加和减少的动态变化上没有较为明显的坡向选择,各个坡向增减变化趋势基本一致,差异较小(图6-5)。

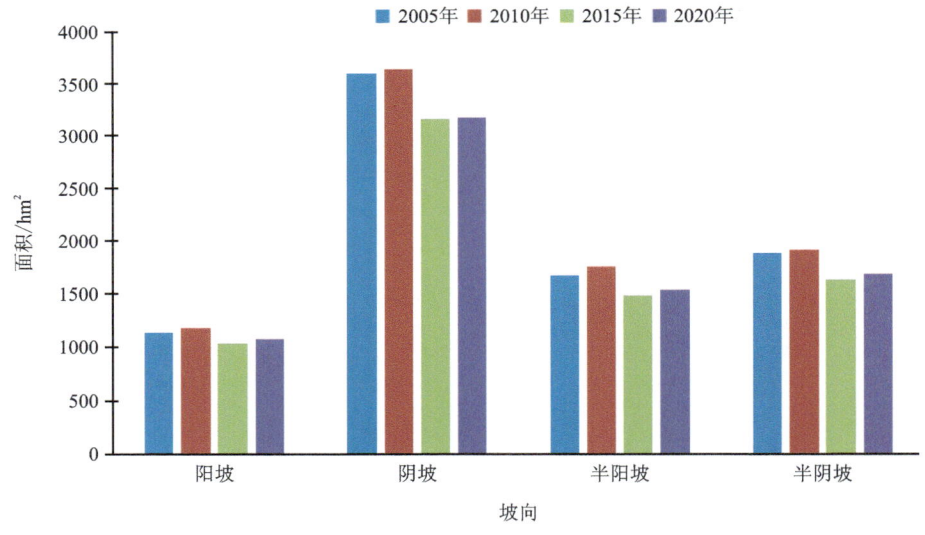

图6-5　2005—2020年不同坡向耕地面积分布

6.3　耕地时空格局地学信息图谱分析

笔者以2005年、2010年、2015年、2020年4期土地利用类型数据为基础,采用ArcGIS相关空间分析明确研究区耕地与其他地类的空间转移关系,如图6-6～图6.9,表6-2、表6-3所示。

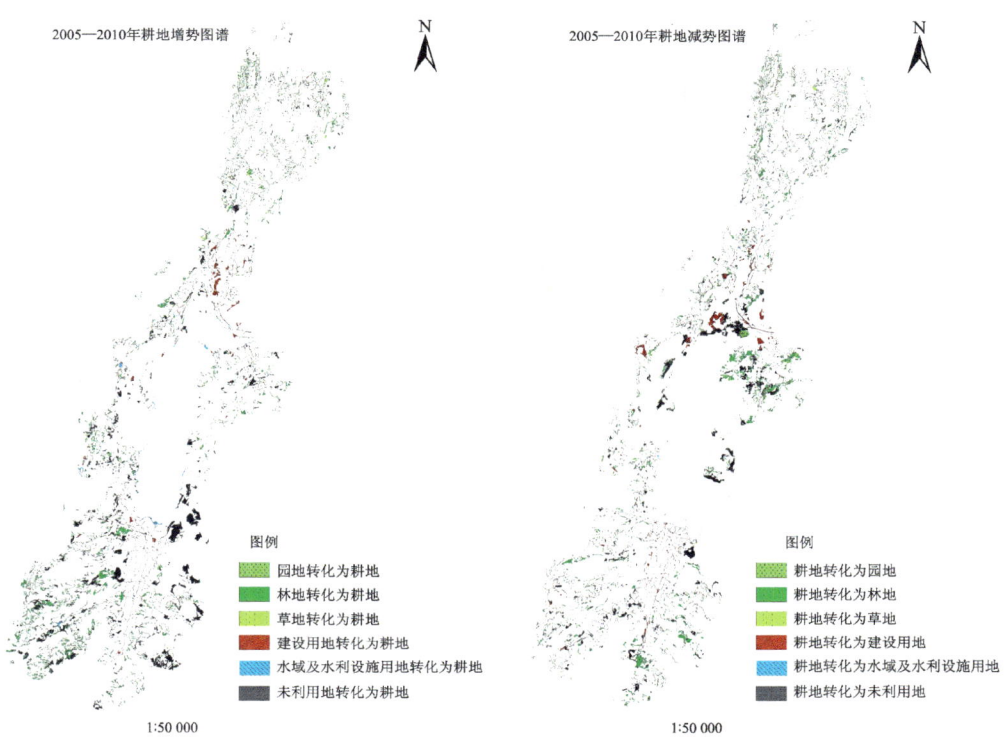

图 6-6 2005—2010 年研究区耕地增势图谱和减势图谱

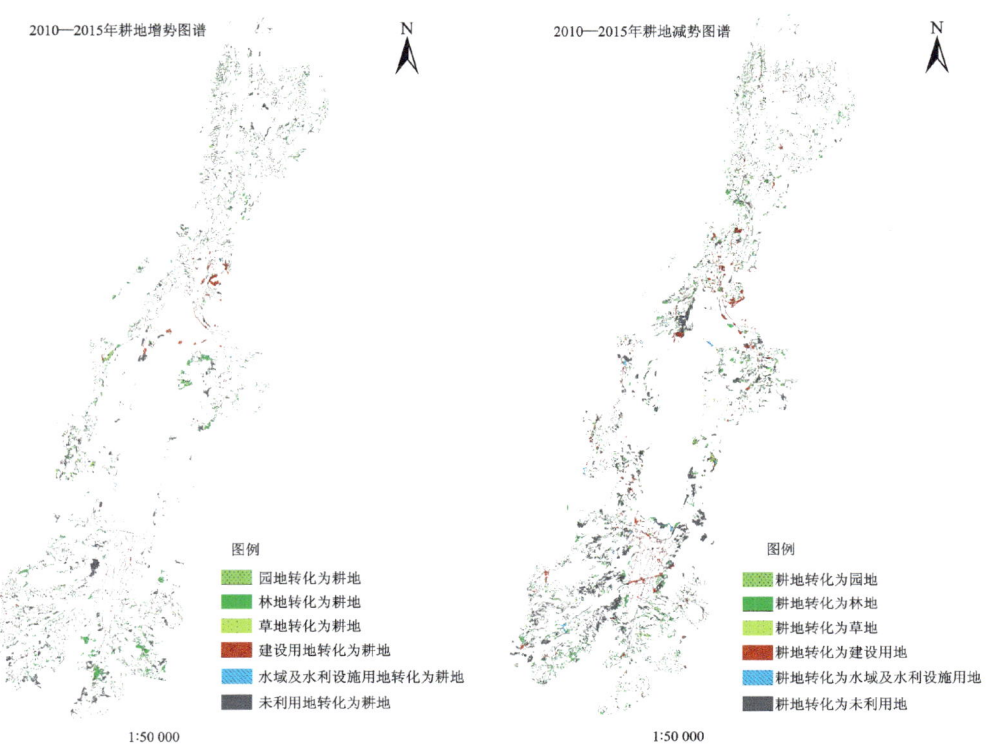

图 6-7 2010—2015 年研究区耕地增势图谱和减势图谱

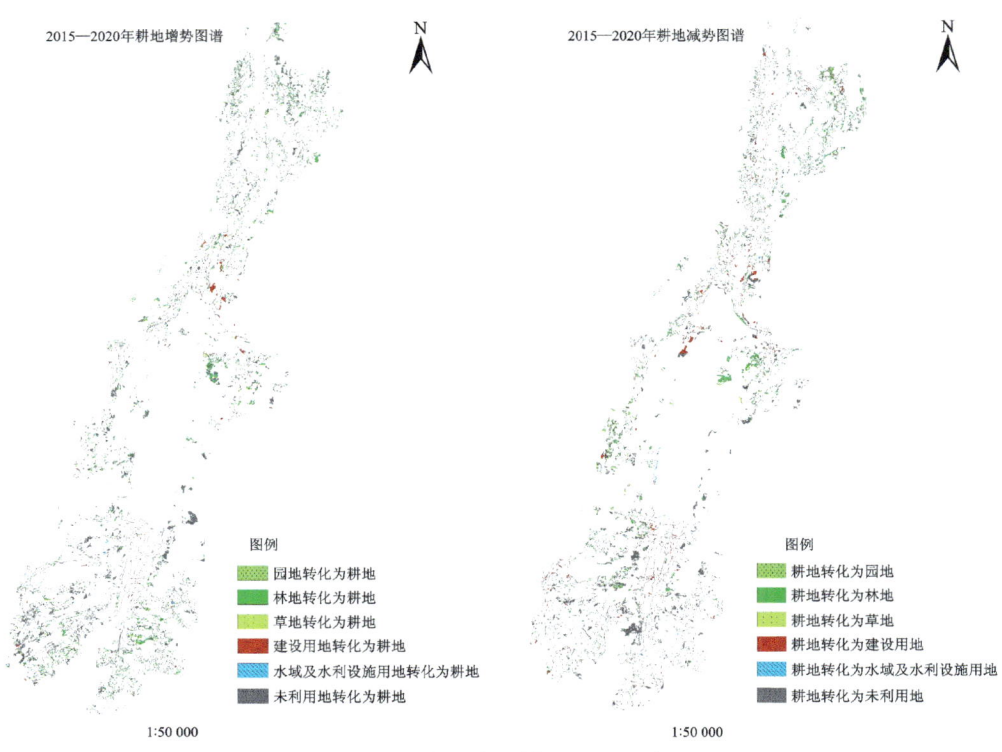

图 6-8 2015—2020 年研究区耕地增势图谱和减势图谱

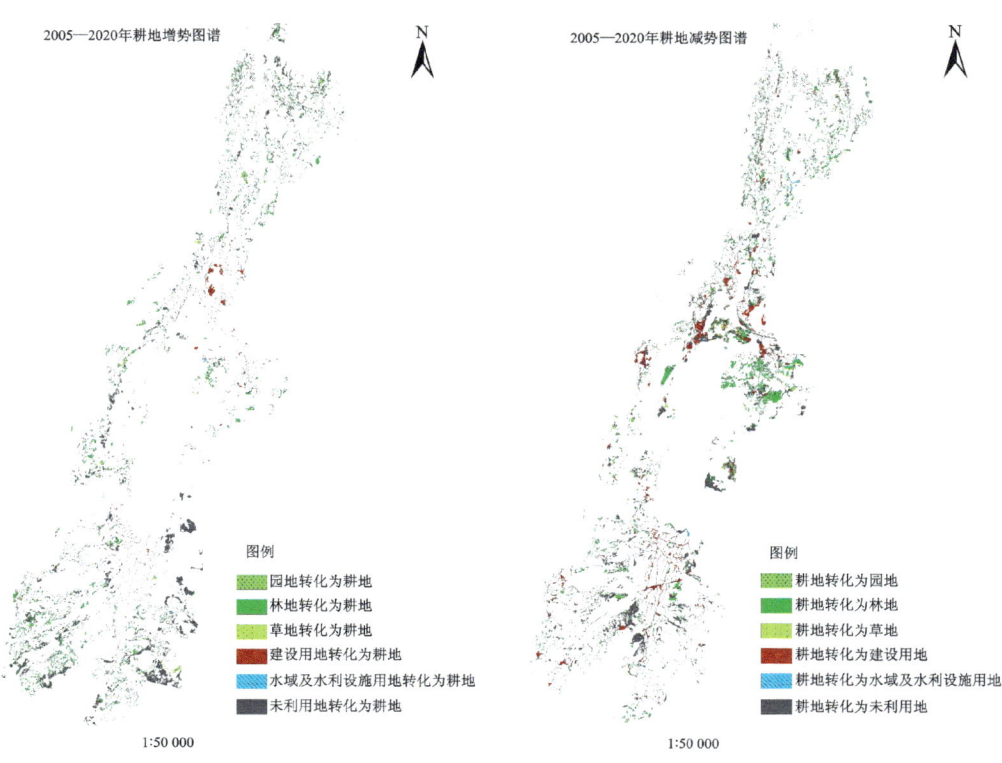

图 6-9 2005—2020 年研究区耕地增势图谱和减势图谱

表 6-2 2005—2020 年研究区新增耕地来源地类 单位:hm²

年份/年	其他地类调整至耕地面积						耕地增加面积
	园地	林地	草地	建设用地	水域及水利设施用地	未利用地	
2005—2010	53.09	945.23	23.35	279.54	46.95	948.11	2 296.27
2010—2015	59.89	778.06	10.47	230.88	14.89	487.90	1 582.09
2015—2020	99.26	895.98	6.35	184.96	12.65	719.88	1 919.08
2005—2020	67.28	1020.82	31.14	212.46	17.51	861.61	2 210.82

表 6-3 2005—2020 年研究区耕地减少流向地类 单位:hm²

年份/年	耕地调整至其他地类面积						耕地减少面积
	园地	林地	草地	建设用地	水域及水利设施用地	未利用地	
2005—2010	87.28	903.76	22.11	360.15	16.78	704.13	2 094.20
2010—2015	111.02	1 009.40	25.69	415.94	52.00	1 154.28	2 768.33
2015—2020	101.39	764.00	10.57	277.53	26.53	571.34	1 751.36
2005—2020	96.83	1 290.50	70.93	655.17	52.27	861.57	3 027.28

表 6-2 显示,2005—2020 年 3 个时段新增耕地来源地类主要为林地和未利用地,两者占比之和均超过新增耕地总面积的 80%,但又略有差异。除阳宗海东岸耕地面积增加较少之外,其他区域均有分布,说明随着人口增加,主要通过开垦未利用地、林地等增加耕地面积,也说明乱垦是造成林地减少的原因之一。此外,建设用地转化为耕地的部分主要为阳宗海北岸的采矿用地。

表 6-3 显示,2005—2020 年 3 个时段耕地减少流向地类主要为林地、未利用地和建设用地,三者占比之和均超过耕地减少总面积的 92%。这一变化主要受新增建设用地占用耕地及"退耕还林还草"政策影响,其中新增占用耕地的建设用地主要分布于阳宗海湖泊北岸和南岸区域。耕地向林地转移时分布较为分散,整个研究区均有分布,且部分耕地退耕还林之后,周边部分耕地成为撂荒地并向未利用地转变。

6.4 耕地空间格局景观指数演化

笔者将 2005—2020 年 4 期耕地矢量图斑数据转换为栅格单元大小为 10m×10m 的栅格数据,借助 Fragstats 4.2 软件,运用景观生态学原理,主要选择斑块类型面积(S_{CA})、斑块个数(N_{NP})、斑块密度(ρ_{PD})、平均斑块面积(S_{MPS})、平均斑块分维数(F_{MPFD})、聚合度(A_{AI})6 个景观格局指数,从景观尺度分析研究区耕地 2005—2020 年空间分布格局景观指数演变特征(表 6-4)。

表 6-4 2005—2020 年研究区耕地景观格局指数变化

年份/年	S_{CA}/hm^2	N_{NP}/个	e_{PD}	S_{MPS}/hm^2	F_{MPFD}	A_{AI}
2005	8 280.98	1785	5.242 2	4.639 9	1.116 8	91.648 8
2010	8 483.05	2156	6.331 8	3.934 1	1.114 9	90.792 0
2015	7 296.81	1823	5.353 8	4.002 5	1.125 1	89.381 8
2020	7 464.53	1901	5.582 9	3.926 7	1.116 9	90.170 4

研究区耕地景观斑块个数呈"上升—下降—稳定"的变化趋势。2005—2010 年,斑块个数和斑块密度增加,平均斑块面积减少,斑块分维数降低,此时段耕地景观格局受到人类活动干扰,景观破碎度增强,空间集聚性减弱。2010—2015 年,随着研究区耕地景观面积减少,耕地斑块个数和斑块密度等出现下降,平均斑块面积和斑块分维数出现小幅上升,景观破碎度减弱,但变化并不明显。2015—2020 年,研究区耕地景观面积出现增加,平均斑块面积和斑块分维数减少,但变化不大,相对较为稳定。整体来看,2005—2020 年,耕地景观面积减少,斑块个数和斑块密度增加,平均斑块面积减少,说明整个研究区耕地景观受到人类活动影响,空间集聚性减弱,呈景观破碎化趋势。

6.5 本章小结

6.5.1 讨论

自阳宗海砷污染事件发生以来,阳宗海湖泊污染防治成为研究热点,许多学者从阳宗海流域重金属污染、水资源评价、生态环境质量变化(闻国静等,2017)等方面进行分析研究,但从土地利用角度对耕地开展的相关研究较少。笔者采用动态变化度、地学信息图谱、景观格局指数及不同地形条件等指标对耕地空间分布格局及变化特征进行分析,全面、动态地揭示2005—2020 年阳宗海流域耕地空间分布格局变化特征。主要分为以下 3 个研究阶段。

(1)2005—2010 年耕地变化较为缓慢,耕地面积增加 202.07hm²,动态变化度为 0.49%。此阶段虽然阳宗海湖泊北岸和南岸出现部分城镇建设用地占用耕地的情况,但通过开垦未利用地等方式,总体上耕地面积出现小幅上升。

(2)2010—2015 年耕地变化较为剧烈,耕地面积减少 1 186.24hm²,动态变化度为 −2.80%。一方面,阳宗海流域内学校建设、温泉公园开发等城镇建设用地占用举措使得耕地数量减少;另一方面,随着"退耕还林还草"政策的持续实施,云南省将九湖治理、重点流域沿岸治理等作为治理重点,且将退耕还林补助标准与国家补助标准保持一致,这一系列举措导致此阶段耕地面积减少明显。

(3)2015—2020 年耕地变化较为平缓,耕地面积增加 167.72hm²,动态变化度为 0.46%。随着《云南省九大高原湖泊保护治理攻坚战实施方案》《云南省全面推行河长制行动计划(2017—2020 年)》《云南省河湖"清四乱"专项行动方案》等一系列治理措施出台,昆明阳宗海风景名胜区管理委员会通过清除湖区淤泥、加强入湖河道综合整治并积极调整种植业产业结构,将部分石漠荒山调整为种植业示范区,流域内生态环境质量得到进一步提升,耕地面积小幅增加。

耕地作为同受自然条件与人类活动影响最为显著的用地类型,其动态演变过程一方面受气温、降水、地形、地貌等自然因素影响,另一方面又因经济社会发展所需而要做出适当的规划调整。耕地在某个时空尺度上的增减演变既是自然与人类双重影响的结果,又是后续自然与人类活动发展的方向和制约因素。对阳宗海流域不同时空尺度上耕地时空演变及其影响因素进行精准化、定量化的表达研究对于进一步深入探讨流域耕地时空演变趋势,优化制定耕地保护策略,有效提高流域生态环境质量具有极为重要的意义(孙晓莉等,2020)。笔者选择 2005 年、2010 年、2015 年、2020 年耕地变化较为剧烈的近 15 年共 4 期数据,对耕地的时空演变开展了系统性分析,但本分析仍然是以统计方法为主的现状分析,缺乏一些在未来情景模式下的耕地演变模型预测。在后续研究过程中,笔者将在该流域更多期耕地数据乃至扩充至其他流域耕地数据的基础上,结合适宜的土地利用预测模型,对不同情景模式下耕地的时空演变进行预测分析(皇甫江云等,2011),为新时期乡村振兴、美丽村庄规划、耕地资源可持续利用及未来国土空间规划等提供参考依据。

6.5.2 结论

(1)笔者将耕地数量、动态变化度、不同地形条件、地学信息图谱及景观格局指数等作为分析指标,对研究区 2005—2020 年耕地空间分布格局变化特征进行分析,选取的不同方法之间优势互补,可以从不同角度表征耕地的变化特征。

(2)地形条件对耕地空间分布有一定的影响。研究区耕地在海拔 2300m 以下、坡度 25°以下区域分布面积较大,占耕地总面积的 85% 左右。从坡向分布来看,耕地在阴坡和半阴坡分布的优势度高于在阳坡和半阳坡的优势度。从各时段耕地面积增减变化来看,在不同海拔、坡度和坡向上均有发生,差异不大。

(3)从地学信息图谱以及景观格局指数来看,2005—2020 年各时段耕地面积既有增加又有减少,主要增加和流向的地类有林地、未利用地和建设用地等,其中占比较大的为林地。尤其是 2005—2015 年期间,耕地面积减少后流向的地类主要是林地,说明当地"退耕还林还草"等生态保护措施具有一定的成效。2005—2020 年各时段景观格局指数均发生变化,耕地斑块个数增加,平均斑块面积减少,聚合度下降,这说明景观格局整体空间聚集性减弱,呈景观破碎化趋势。

主要参考文献

蔡艳洁,张恩楼,刘恩峰,等,2017.云南阳宗海沉积物重金属污染时空特征及潜在生态风险[J].湖泊科学,29(5):1121-1133.

陈国平,赵俊三,李红波,等,2016.滇中城市群耕地时空变化分析方法[J].昆明理工大学学报(自然科学版),41(2):24-32.

皇甫江云,卢欣石,李镇清,等,2011.我国西南地区草地资源特点及其可持续发展途径[J].中国草地学报,33(3):100-106.

李笑莹,张学雷,任圆圆,2020.中国中东部样区土壤、地形与耕地空间分布多样性特征[J].土壤通报,51(2):289-299.

林伊琳,赵俊三,张萌,等,2019.滇中城市群国土空间格局识别与时空演化特征分析[J].农业机械学报,50(8):176-191.

马姣娇,牛安逸,徐颂军,等,2018.基于地学信息图谱的珠海淇澳岛土地利用格局分析[J].华南师范大学学报(自然科学版),50(2):77-85.

乔伟峰,盛业华,方斌,等,2013.基于转移矩阵的高度城市化区域土地利用演变信息挖掘——以江苏省苏州市为例[J].地理研究,32(8):1497-1507.

任平,吴涛,周介铭,2016.基于GIS和空间自相关模型的耕地空间分布格局及变化特征分析——以成都市龙泉驿区为例[J].中国生态农业学报,24(3):325-334.

孙晓莉,袁磊,赵然,等,2020.基于地统计与空间自相关的山区草地资源空间分布格局及变化特征分析[J].西南农业学报,33(3):590-598.

谭雪兰,段建南,朱红梅,等,2012.长沙市耕地变化的时空特征及其驱动力分析[J].中国农学通报,28(2):240-244.

唐秀美,陈百明,路庆斌,等,2010.城市边缘区土地利用景观格局变化分析[J].中国人口·资源与环境,20(8):159-163.

童李霞,燕琴,骆成凤,等,2017.青海湖流域草地时空变化特征初探[J].青海草业,26(3):7-12,6.

汪清川,奚砚涛,刘欣然,等,2021.生态服务价值对土地利用变化的时空响应研究——以徐州市为例[J].自然资源遥感,33(3):219-228.

闻国静,王妍,刘云根,等,2017.阳宗海南岸流域农村及农业面源对水体磷污染的贡献[J].西南林业大学学报,37(1):123-129.

夏利恒,刘京,尉芳,等,2021.陕西渭北旱塬区耕地时空格局变化分析[J].农业工程学报,37(5):256-264.

余晓珊,蒙红卫,黄林培,等,2020.滇中阳宗海流域过去1200年以来的环境变化[J].生态学杂志,39(6):1896-1910.

张晗,赵小敏,匡丽花,等,2017.基于空间自相关的耕地质量空间分布特征研究——以江西省南昌县为例[J].浙江农业学报,29(8):1365-1374.

张浚茂,臧传富,2019.东南诸河流域1990—2015年土地利用时空变化特征及驱动机制[J].生态学报,39(24):9339-9350.

赵晓丽,张增祥,汪潇,等,2014.中国近30年耕地变化时空特征及其主要原因分析[J].农业工程学报,30(3):1-11.

JIN H F,SHI D M,LOU Y B,et al.,2021. Evaluation of the quality of cultivated-layer soil based on different degrees of erosion in sloping farmland with purple soil in China[J]. Catena(198):105048.

第7章 阳宗海流域建设用地空间分布格局及变化特征

近年来,伴随着社会经济的快速发展,建设用地面积呈持续增加的态势,耕地面积逐渐减少,人地关系矛盾日益突出,建设用地作为人类社会经济活动的主要载体,其空间分布是各种自然因素、人文因素等综合作用的结果,研究建设用地的空间分布格局及变化特征,对于全面认识建设用地、指导土地利用、缓解人地矛盾有着重要意义(付星基等,2018;韦素琼等,2007)。我国学者对建设用地开展的相关研究较多,主要包括建设用地扩张及驱动力分析、节约集约利用、空间格局变化等方面(方喻弘等,2016;郭力娜等,2023;虞献军等,2023;李旭卉和杨瑾,2020),从流域尺度开展建设用地空间分布格局及变化特征的研究相对较少。笔者以阳宗海流域为研究对象,运用 ArcGIS 和 Fragstats 4.2 软件,利用动态变化度、转移矩阵、地形条件、地学信息图谱及景观格局指数等不同指标,对研究区 2005 年、2010 年、2015 年、2020 年 4 期数据进行建设用地空间分布格局及变化特征分析,以期为阳宗海流域建设用地可持续发展、缓解人地关系矛盾等提供参考依据。

7.1 建设用地空间分布及变化特征

7.1.1 建设用地数量变化

阳宗海流域内 2005 年、2010 年、2015 年和 2020 年建设用地面积,分别为 2 092.91hm²、2 218.79hm²、2 445.73hm² 和 2 902.21hm²(表 7-1)。2005—2020 年各时段建设用地面积均呈持续增加的趋势,其中以 2015—2020 年建设用地面积增幅最为显著(图 7-1)。该时期受研究区内新增学校、温泉公园、湿地公园以及新修建的道路等基础配套设施建设影响,建设用地面积增加 456.48hm²。

表 7-1 2005—2020 年研究区内各县(市、区)建设用地面积

县(市、区)	2005 年	2010 年	2015 年	2020 年
	建设用地面积/hm²			
呈贡区	274.31	304.96	322.00	390.19
澄江市	524.20	580.07	731.47	927.08
官渡区	1.93	4.68	3.41	4.05

续表 7-1

县（市、区）	2005 年	2010 年	2015 年	2020 年
	建设用地面积/hm²			
嵩明县	42.04	58.41	44.47	72.16
宜良县	1 250.43	1 270.67	1 344.38	1 508.73
合计	2 092.91	2 218.79	2 445.73	2 902.21

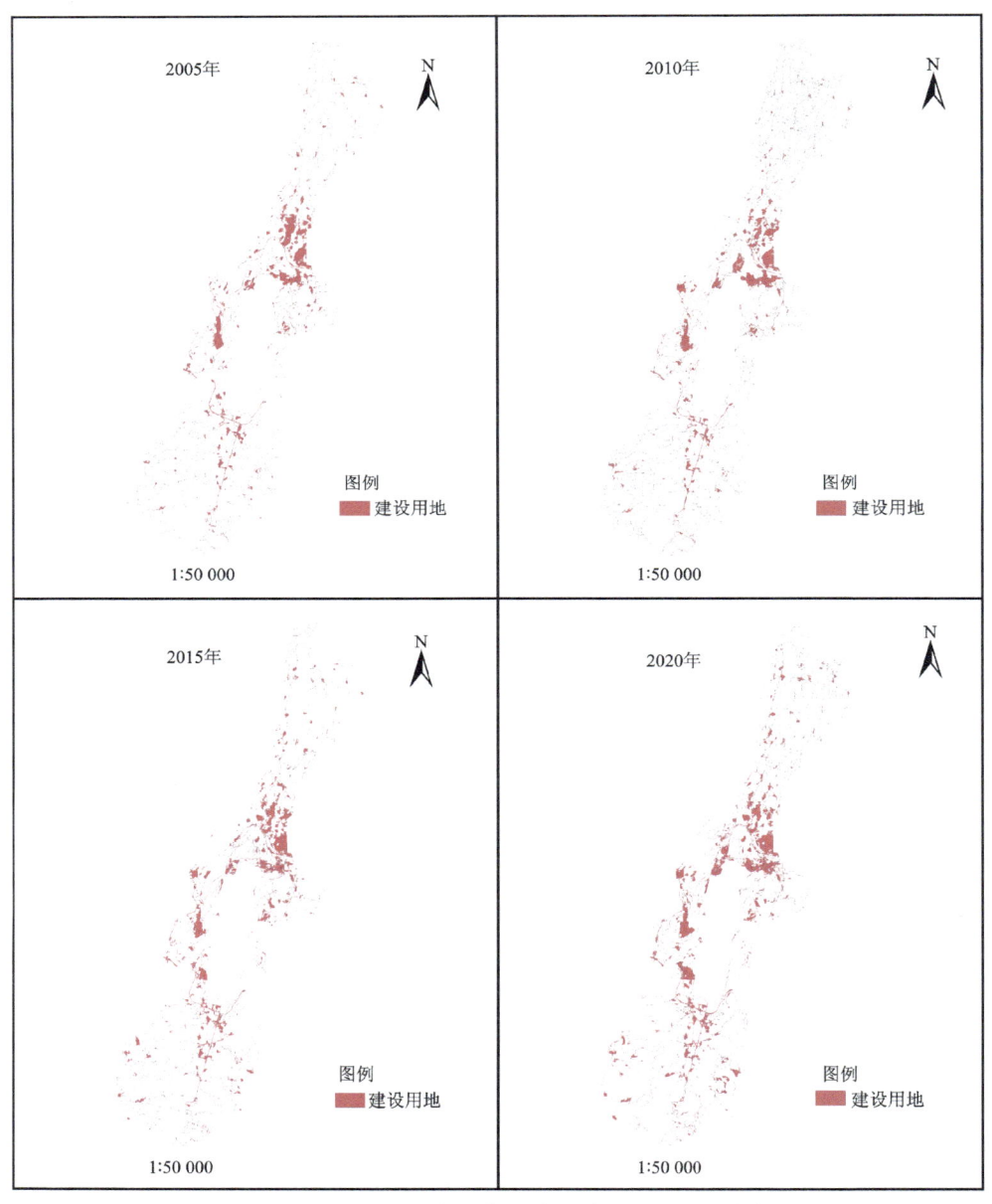

图 7-1　2005—2020 年 4 期研究区建设用地空间分布

7.1.2 建设用地动态变化度分析

阳宗海流域内建设用地分布于昆明市的呈贡区、宜良县、嵩明县、官渡区,玉溪市的澄江市,其中分布较广、面积较大的为澄江市、宜良县和呈贡区,嵩明县和官渡区建设用地面积较少。笔者以各县(市、区)为研究尺度,对研究区各时段建设用地动态变化度进行分析。

从动态变化度来看(图7-2),研究区2005—2010年建设用地面积增加125.89hm²,动态变化度为1.20%,各县(市、区)的动态变化度均为正值,其中官渡区动态变化度最大,新增建设用地在整个研究区均有分布。研究区2010—2015年建设用地面积增加226.94hm²,动态变化度为2.05%,除官渡区和嵩明县动态变化度为负值外,其他3个县(市、区)的动态变化度均为正值。此时段建设用地面积增加区域在研究区范围内均有分布,主要表现为阳宗海西南侧新建的云南国土资源职业学院、道路等基础设施占地以及阳宗海北岸的华侨城温泉公园等建设项目占地。研究区2015—2020年建设用地面积增加456.48hm²,动态变化度为3.73%,各县(市、区)动态变化度为正值,其中嵩明县动态变化度最大。此时段建设用地面积增加区域在整个研究区均有分布,主要表现为新增基础设施用地、科教设施用地及阳宗海南岸"一带三区"湿地项目用地等。从整体来看,研究区2005—2020年建设用地面积共增加809.31hm²,动态变化度为1.86%,各县(市、区)的动态变化度均为正值,其中官渡区、澄江市和嵩明县动态变化度较大。除2010—2015年官渡区和嵩明县建设用地面积减少外,其他时段内各县(市、区)的建设用地面积均呈增加趋势,但各县(市、区)建设用地面积变化呈现一定的差异性。

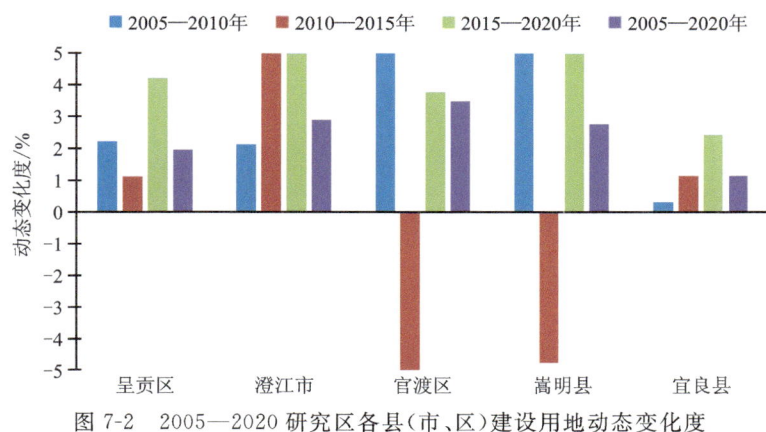

图7-2 2005—2020研究区各县(市、区)建设用地动态变化度

7.2 不同地形条件下建设用地空间分布特征

7.2.1 基于高程梯度差异的建设用地资源空间分布特征

根据阳宗海流域地形地貌特征,结合实际外业核查情况,将研究区高程划分为4个不同等级,分别为＜2000m、2000~2300m、2300~2600m、2600~2900m,并计算出研究区2005年、2010年、2015年、2020年4期不同高程内的建设用地面积分布,如图7-3所示。研究结果

显示:建设用地面积在＜2000m 高程内较多,占比达 70%,说明人们在居住时优先选择低海拔区域;随着海拔增加,修建道路等基础设施的成本也随之增加,居民点等建设用地面积逐渐减少。从各时段建设用地面积对比来看,新增建设用地主要分布在海拔 2300m 以下区域,2300～2900m 范围内新增建设用地分布相对较少。

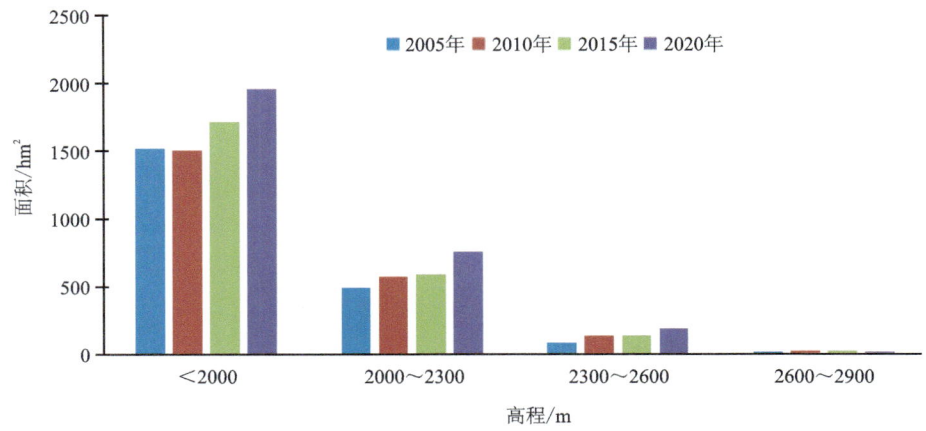

图 7-3　2005—2020 年研究区不同高程建设用地面积分布

7.2.2　基于坡度差异的建设用地资源空间分布特征

笔者参照《土地利用现状调查技术规程》,结合阳宗海流域实际情况,将坡度划分为 4 个不同的等级,分别为 0°～8°(包含 8°)、8°～15°(包含 15°)、15°～25°(包含 25°)、＞25°,并计算出研究区 2005 年、2010 年、2015 年、2020 年 4 期不同坡度差异内的建设用地面积分布,如图 7-4 所示。研究结果显示:随着坡度增加,建设用地面积呈逐渐减少的趋势,说明坡度对受人类活动强度干扰较大的建设用地空间分布有一定的影响,较为平缓的坝区优先成为居民地的选择。从各年度建设用地面积增减情况来看,新增建设用地面积在各坡度范围内均有分布,其中以 0°～8°(包含 8°)范围内增加最为明显,说明建设用地面积增加具有较为明显的坡度选择。

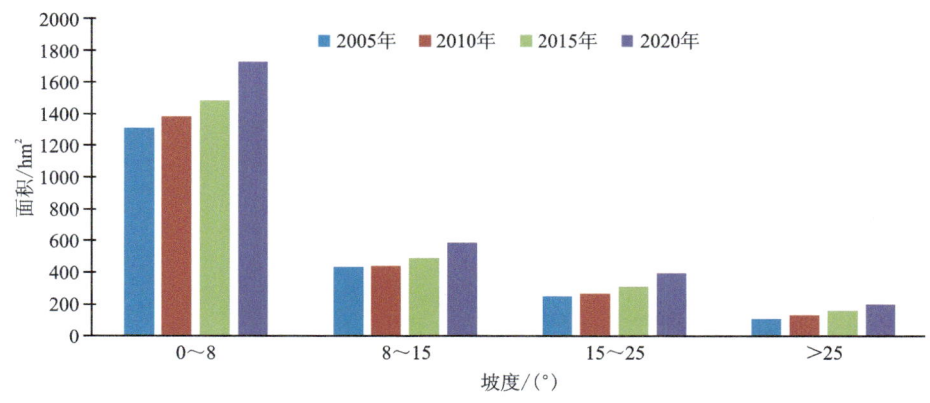

图 7-4　2005—2020 年研究区不同坡度差异建设用地面积分布

7.2.3 基于坡向差异的建设用地资源空间分布特征

坡向可分为阳坡(157.5°~247.5°)、阴坡(0°~67.5°、337.5°~360°)、半阳坡(112.5°~157.5°、247.5°~292.5°)、半阴坡(67.5°~112.5°、292.5°~337.5°)。在坡向划分中,将南坡、西南坡划分为阳坡,北坡、东北坡划分为阴坡,西坡、东南坡划分为半阳坡,东坡、西北坡划分为半阴坡。从研究区各年份不同坡向差异的建设用地面积占比结果来看:建设用地在阴坡、半阳坡、半阴坡和阳坡均有分布,但在阴坡的分布优势度高于在阳坡和半阳坡的;从实地调查来看,研究区内居民点分布受地形因素影响较大,且房屋朝向与道路走向等有较大的关系。从各年份不同坡向面积分布来看,各坡向上均有新增建设用地,且新增建设用地面积在阴坡上分布较大(图7-5)。

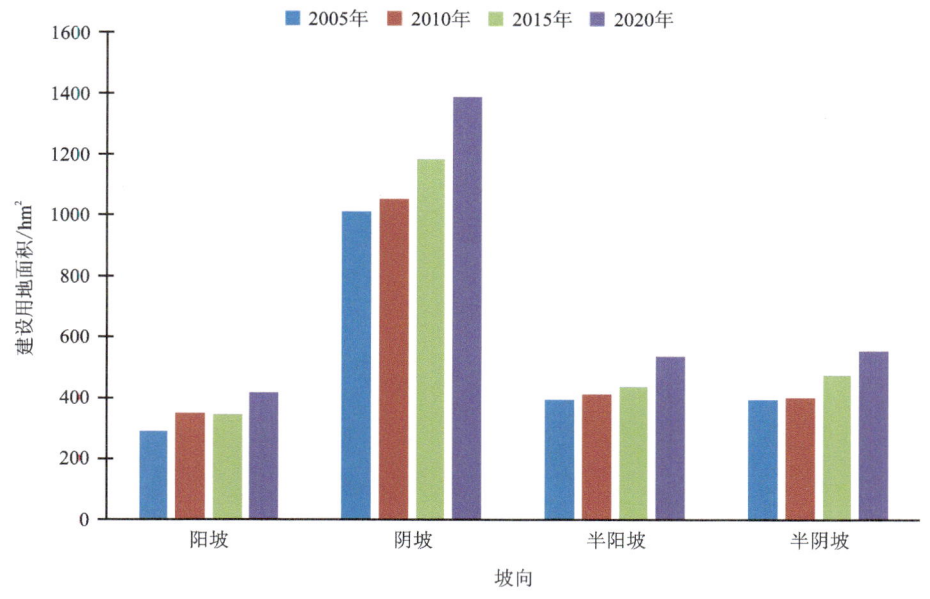

图 7-5 2005—2020 年研究区不同坡向差异的建设用地面积分布

7.3 建设用地时空格局地学信息图谱分析

笔者以 2005 年、2010 年、2015 年、2020 年 4 期土地利用类型数据为基础,采用 ArcGIS 相关空间分析得出研究区建设用地与其他地类的空间转移关系(图7-6~图7-9,表7-2、表7-3)。表 7-2 显示,2005—2020 年 3 个时段新增建设用地的来源地类主要为耕地、林地和未利用地,三者占比之和均超过新增建设用地总面积的 90%,建设用地面积增加的原因除了新修建的道路等基础配套设施外,主要为阳宗海西南侧的云南国土资源职业学院、阳宗海北部的华侨城温泉公园的建设,建设用地的增加占用了较多的耕地、未利用地和林地等。新增建设用地在整个研究区均有分布,说明随着经济社会发展和人口增加,道路等基础设施建设以及居民点等随之增加。

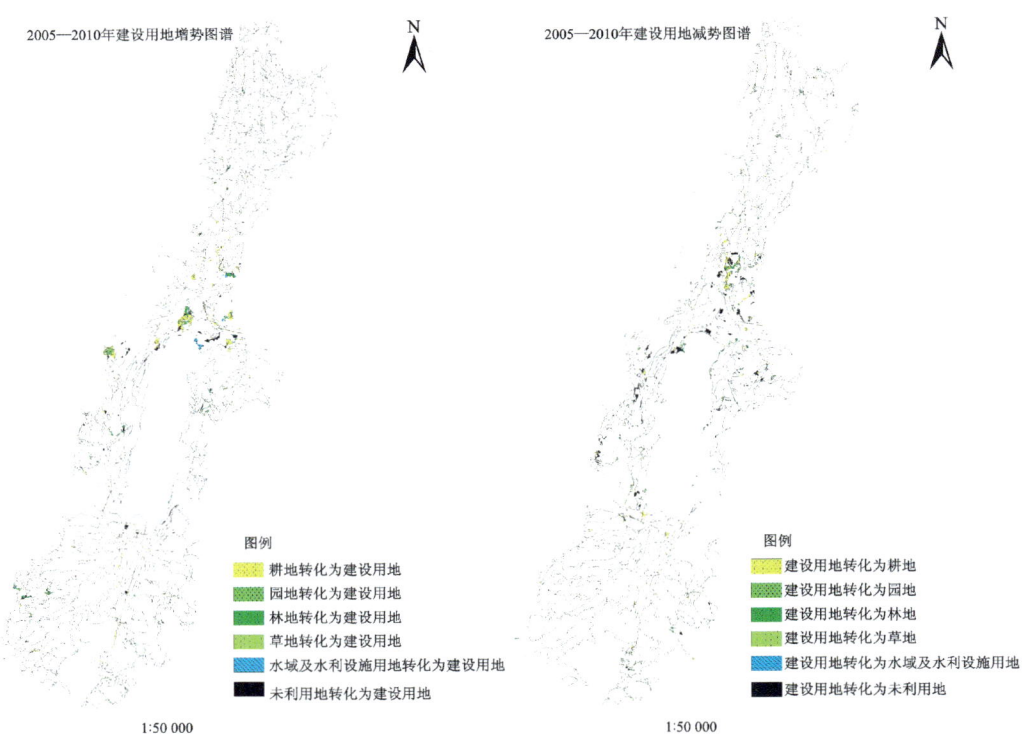

图 7-6　2005—2010 年研究区建设用地增势图谱和减势图谱

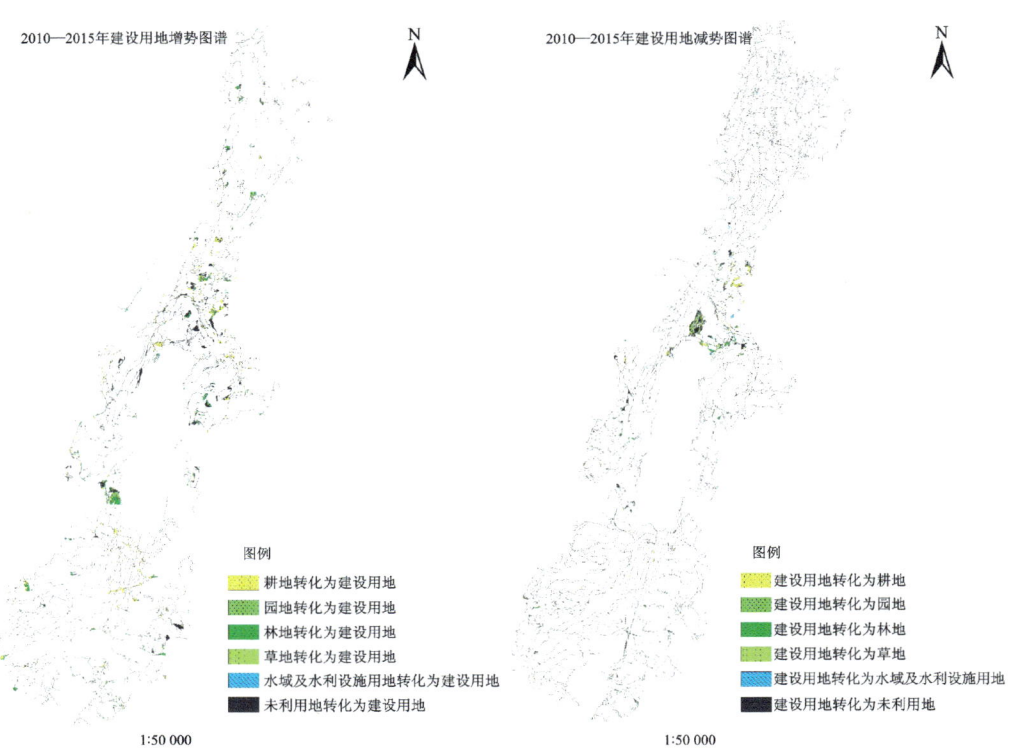

图 7-7　2010—2015 年研究区建设用地增势图谱和减势图谱

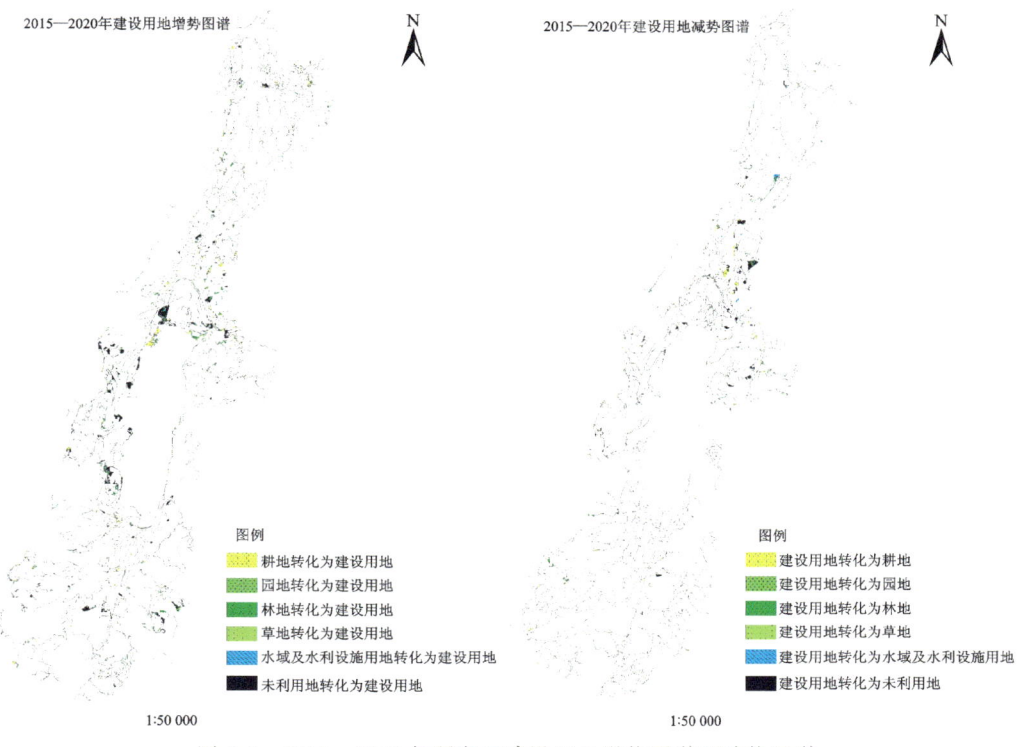

图 7-8　2015—2020 年研究区建设用地增势图谱和减势图谱

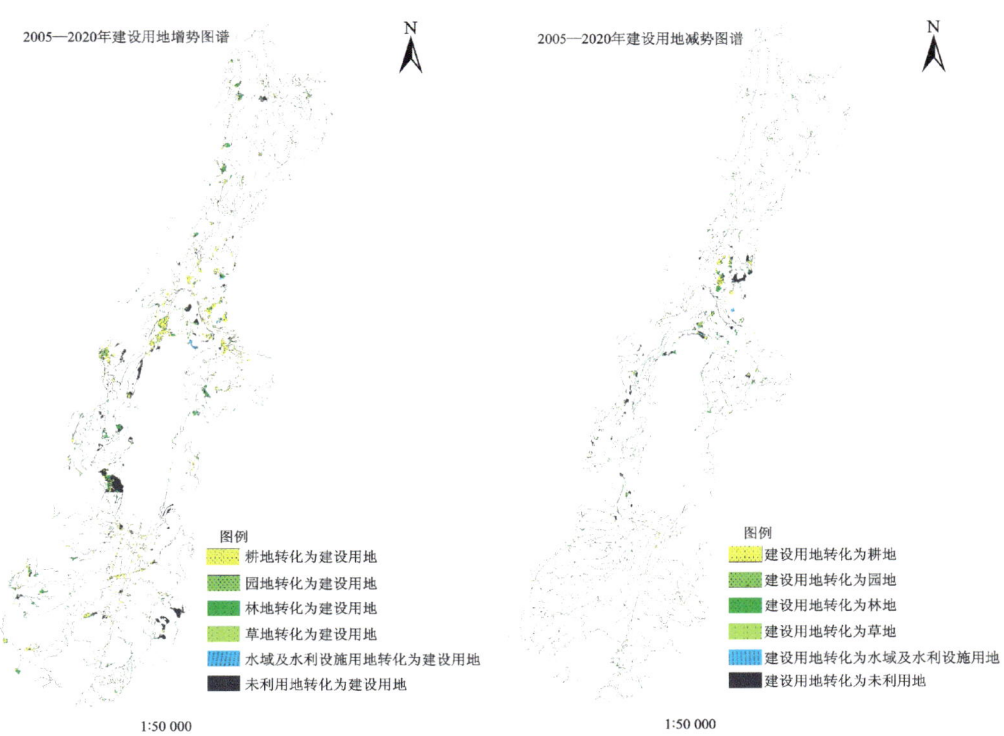

图 7-9　2005—2020 年研究区建设用地增势图谱和减势图谱

表 7-2　2005—2020 年研究区新增建设用地来源地类　　　　　　　　　　单位：hm²

年份/年	其他地类调整至建设用地面积						建设用地增加面积
	耕地	园地	林地	草地	水域及水利设施用地	未利用地	
2005—2010	360.15	23.09	295.70	3.80	34.55	181.46	898.75
2010—2015	415.94	29.49	330.49	6.09	8.16	265.94	1 056.11
2015—2020	277.53	6.51	335.95	12.59	13.01	385.78	1 031.36
2005—2020	655.17	28.58	386.50	7.92	25.92	396.12	1 500.23

表 7-3　2005—2020 年研究区建设用地减少流向地类　　　　　　　　　　单位：hm²

年份/年	建设用地调整至其他地类面积						建设用地减少面积
	耕地	园地	林地	草地	水域及水利设施用地	未利用地	
2005—2010	279.54	5.92	241.78	6.50	5.96	233.16	772.86
2010—2015	230.88	8.66	291.30	55.90	21.24	221.18	829.16
2015—2020	184.96	3.72	193.08	8.54	21.54	163.04	574.88
2005—2020	212.46	4.54	244.48	27.89	20.96	180.58	690.92

表 7-3 显示,2005—2020 年 3 个时段建设用地面积减少流向地类主要为耕地、林地和未利用地,三者占比之和占建设用地减少总面积的 90% 左右。主要原因为部分农村建设用地复垦为耕地,阳宗海北岸的采矿用地复垦为林地及存在撂荒地的情况等。除阳宗海东岸建设用地面积减少分布外,其他区域均有分布。

7.4　建设用地空间格局景观指数演化

笔者将 2005—2020 年 4 期建设用地矢量图斑数据转换为栅格单元大小为 10m×10m 的栅格数据,借助 Fragstats 4.2 软件,运用景观生态学原理,主要选择斑块类型面积(S_{CA})、斑块个数(N_{NP})、斑块密度(ρ_{PD})、平均斑块面积(S_{MPS})、平均斑块分维数(F_{MPFD})、聚合度(A_{AI})6 个景观格局指数,从景观尺度分析研究区建设用地 2005—2020 年空间分布格局景观指数演变特征(表 7-4)。

表 7-4　研究区 2005—2020 年建设用地景观格局指数变化

年份/年	S_{CA}/hm²	N_{NP}/个	ρ_{PD}	S_{MPS}/hm²	F_{MPFD}	A_{AI}
2005	2 092.90	13 498.00	39.641 2	0.155 0	1.060 8	78.886 6
2010	2 218.79	19 150.00	56.240 1	0.115 9	1.057 6	74.617 9
2015	2 445.73	10 347.00	30.387 3	0.236 4	1.068 2	80.837 0
2020	2 902.21	10 606.00	31.147 9	0.273 7	1.071 6	82.558 5

研究区建设用地景观斑块个数呈上升—下降—稳定的变化趋势。2005—2010 年,斑块个数和斑块密度增加,平均斑块面积减少,斑块分维数降低,此时段建设用地景观破碎度增强,空间集聚性减弱。2010—2015 年,建设用地斑块个数和斑块密度等减少,平均斑块面积和斑块分维数增加,景观破碎度减弱,变化明显。2015—2020 年研究区建设用地斑块个数、平均斑块面积及斑块分维数等增加,但变化不大,相对较为稳定。从整体来看,2005—2020 年建设用地景观面积增加,斑块个数和斑块密度减少,平均斑块面积增加,说明整个研究区建设用地景观空间集聚性增强,呈景观连通性增强趋势。

7.5 本章小结

7.5.1 讨论

许多学者从阳宗海流域重金属污染、水资源评价、生态环境质量变化、耕地景观格局变化等方面进行分析研究,但从土地利用角度对建设用地开展的相关研究较少。笔者采用动态变化度、地学信息图谱、景观格局指数及不同地形条件等指标对建设用地空间分布格局及变化特征进行分析,全面、动态地揭示 2005—2020 年阳宗海流域建设用地空间分布格局变化特征。2005—2020 年,建设用地面积呈持续增加的趋势,尤以 2015—2020 年期间增幅最为明显,主要体现在研究区内新增温泉公园、学校、农村居民点、农村道路及公路用地、采矿用地等。

建设用地是受人类活动影响较为明显的用地类型,受到研究区人口、经济收入等多因素综合影响。随着经济的快速发展和人们生活水平的不断提升,在加速城市化进程的同时,城镇、工矿、交通及附属设施等的建设用地面积增加也占用了大量周边土地,加剧了建设用地扩张与耕地保护的矛盾。笔者对研究区建设用地空间分布格局开展相关研究,对未来阳宗海流域生态环境保护具有重要的参考意义。但本研究还存在一定的不足,由于首先所获取的 2005 年、2010 年、2015 年和 2020 年 4 期数据的空间参考坐标不统一等,在目视解译过程中进行地理配准时会受人为干扰等因素影响,研究结果存在一定的误差。其次,笔者仅对研究区 2005—2020 年建设用地空间分布进行研究,未对阳宗海周边城镇扩张及影响因素进行分析。因此,笔者今后将从更小尺度开展更全面的建设用地空间格局分异特征研究。

7.5.2 结论

(1)笔者采用建设用地面积分布、各县(市、区)动态变化度、不同地形条件、地学信息图谱及景观格局指数等指标,对研究区 2005—2020 年建设用地空间分布格局变化特征进行分析,运用不同方法,从不同角度表征建设用地的变化情况。

(2)地形条件对建设用地空间分布有一定的影响。研究区建设用地在海拔 2000m 以下、坡度 8°以下区域分布面积较大,其建设用地面积占建设用地总面积的 65% 左右。从坡向分布来看,建设用地在阴坡和半阴坡分布的优势度高于在阳坡和半阳坡的优势度。从各时段建设用地面积增减变化来看,在不同海拔、坡度和坡向上均有发生。

(3) 从地学信息图谱以及景观格局指数来看,2005—2020 年各时段建设用地面积既有增加又有减少,主要增加和流向的地类有耕地、林地和未利用地,三者占比达 95%,其中耕地占比最大。尤其是 2005—2015 年期间建设用地面积减少流向地类主要是耕地、林地和未利用地,三者占比达 90%左右,部分农村建设用地复垦为耕地,阳宗海北岸的采矿用地等复垦为林地并存在撂荒地的情况等。2005—2020 年各时段景观格局指数均发生变化,这一时期建设用地斑块个数减少,平均斑块面积和斑块分维数增加,说明景观格局整体空间聚集性增强,呈景观连通性增强趋势。

主要参考文献

陈霖,陈铭,滕龙妹,等,2019.基于村镇尺度的建设用地变化时空特征分析——以浙江省安吉县为例[J].山东国土资源,35(6):78-88.

方喻弘,刘德富,王丽婧,等,2016.重庆市主城区建设用地扩张特征分析及其预测[J].长江科学院院报,33(11):43-48.

付星基,尹晓嫒,余建新,等,2018.乌蒙山区建设用地密度空间分异特征及其影响因素[J].水土保持研究,25(3):346-353.

郭力娜,訾丰娇,姜广辉,等,2023.辽宁省城市建设用地扩张时空分异特征[J].吉林大学学报(地球科学版),53(5):1635-1650.

李晓华,封建民,文琦,2021.陕西省土地利用与景观格局变化特征及驱动力分析[J].国土资源科技管理,38(1):107-117.

李旭卉,杨瑾,2020.西安市高陵区建设用地扩张时空变化分析[J].农业与技术,40(15):36-41.

刘慧芳,毕如田,王瑾,等,2022.山西省县域城镇低效用地空间格局分异与影响因素研究[J].农业机械学报,53(5):169-180,208.

孙晓莉,郑毅,赵然,等,2022.阳宗海流域土地利用景观格局时空变化分析[J].西南农业学报,35(10):2387-2394.

王雅竹,段学军,杨清可,等,2019.近 30 年江苏省建设用地扩张的时空特征、模式与驱动因素研究[J].长江流域资源与环境,28(7):1531-1540.

韦素琼,张金前,陈健飞,2007.基于空间自相关的闽台城镇建设用地分布研究[J].地理科学进展(3):11-17,127.

虞献军,岁秀珍,朱忠军,等,2023.义乌市建设用地空间格局变化及驱动力分析[J].林业调查规划,48(3):29-35.

张辰,2022.2000—2019 年上海市城市化扩张景观格局空间分布和演变过程[J].亚热带水土保持,34(1):17-22,54.

第8章　阳宗海流域生态用地变化情况

生态用地是推进生态文明建设与构建生态安全格局的重要载体,在防风固沙、水源涵养、气候调节及维持生物多样性等方面发挥了重要作用(姜洪涛和牛帅,2021;卫新东等,2021)。改革开放以来,随着城市化和工业化快速推进,建设用地扩张使得生态用地被占用,不断影响区域生态环境及可持续发展。目前,国内外相关学者已对生态用地开展了大量研究,主要集中在区域生态安全、时空演化及驱动机制、空间格局识别与优化等方面(谢高地等,2001;周联等,2016;璩璐璐等,2019;韩姝程等,2020)。阳宗海为云南省九大高原湖泊之一,阳宗海流域生态用地的合理利用和有效保护是保障流域内生态安全和高质量发展的前提。许多学者对阳宗海流域的研究主要集中在重金属污染等方面,对生态用地变化方面的研究较少。因此,以阳宗海流域为研究区域,开展流域内生态用地时空格局变化研究,对摸清生态用地数量和空间分布,促进流域内生态安全格局优化具有重要意义。

笔者选择2005年、2010年、2015年、2020年4期遥感影像数据,采用目视解译和外业核查方式获得研究区矢量数据图斑,从动态变化度、转移矩阵、景观格局指数变化等不同角度分析研究区生态用地时空格局变化,以期为阳宗海流域生态文明建设、生态安全体系构建等提供数据支撑和决策依据,进一步促进流域生态环境的有效保护、合理利用与可持续发展。

8.1　阳宗海流域生态用地分类

笔者将阳宗海流域生态用地定义为:对保护阳宗海流域不同空间尺度上的生态功能起关键作用,并能产生生态服务价值且具有防治和延缓生态退化的土地资源(卫新东等,2021)。结合前人研究基础,笔者将生态用地分为基础性生态用地、辅助性生态用地和保全性生态用地三大类(谭永忠等,2016)。其中,基础性生态用地主要是指具有较高生态系统服务功能,且对维护整个区域内的生态健康和生态安全具有不可替代作用的土地利用类型,主要包括林地、草地、水域用地等;辅助性生态用地主要是指以农业生产为主要用途,但同时对维持和改善区域内生态系统具有积极作用的土地利用类型,主要为耕地和园地;保全性生态用地是指自身生态系统脆弱,但对维护区域的生态平衡具有积极作用的土地利用类型,主要为裸地。研究区内生态用地具体分类如表8-1所示。

表 8-1 阳宗海流域生态用地分类体系

生态用地类型	一级地类	二级地类
基础性生态用地	林地	有林地、灌木林地、其他林地
	草地	天然牧草地、人工牧草地、其他草地
	水域	河流水面、湖泊水面、水库水面、滩涂、坑塘水面
保全性生态用地	裸地	沙地、裸地、盐碱地、空闲地
辅助性生态用地	耕地	水田、水浇地、旱地
	园地	果园、茶园、其他园地

8.2 生态用地时空变化分析

8.2.1 生态用地现状分析

阳宗海流域生态用地数量结构和空间分布均呈现出不同的分布特征。从空间分布来看，基础性生态用地分布较为分散，整个流域内均有分布；保全性生态用地除阳宗海北岸分布较少外，其他区域均有分布；辅助性生态用地主要分布于阳宗海北岸和南岸，主要原因为阳宗海南、北两岸地势较平坦，土地肥沃，适宜于发展农业生产。阳宗海湖泊周边区域均有非生态用地分布，且北岸和西岸分布较多，阳宗海西南岸及北岸非生态用地面积增加明显，主要是因为当地学校建设、温泉公园建设等占用了生态用地。阳宗海流域各县（市、区）2005—2020年生态用地面积空间分布如图8-1所示。

从数量结构变化来看，阳宗海流域生态用地以基础性生态用地和辅助性生态用地为主，两者面积之和占研究区土地总面积的77%左右，主要原因为研究区土地利用类型主要以耕地和林地为主，两者面积之和占研究区土地总面积的65%以上。2005—2020年4期研究数据显示，基础性生态用地占比分别为52.34%、51.72%、54.86%、54.56%；其次为辅助性生态用地，占比分别为25.09%、25.78%、22.13%、22.59%；保全性生态用地占比分别为16.35%、15.96%、15.82%、14.27%；非生态用地占比较少，但呈持续增加的趋势，占比分别为6.22%、6.54%、7.19%、8.57%。

从研究区2005—2020年各县（市、区）生态用地占比情况来看，各县（市、区）非生态用地面积呈持续增加的趋势。阳宗海流域非生态用地面积由2005年的2 118.86 hm^{2}增加到2020年的2 917.47 hm^2，面积增加798.61 hm^2，增幅为2.35%；各县（市、区）中，以呈贡区的非生态用地面积增加最为明显，面积增加116.06 hm^2，增幅为0.34%（增幅是按照地类变化面积除以流域土地总面积所得）。阳宗海流域各县（市、区）2005—2020年生态用地占比情况变化如图8-2所示。

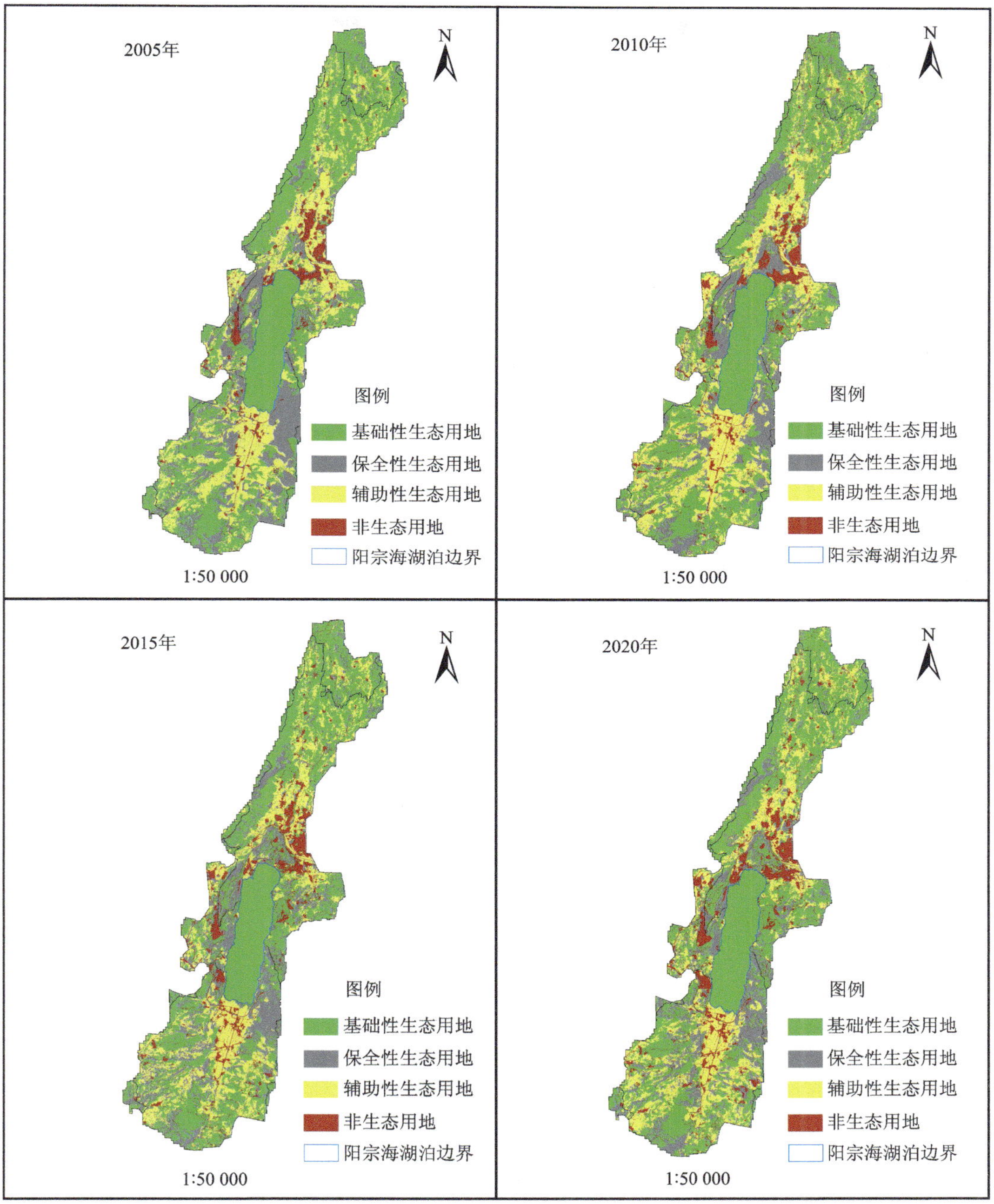

图 8-1　2005—2020 年研究区生态用地面积空间分布

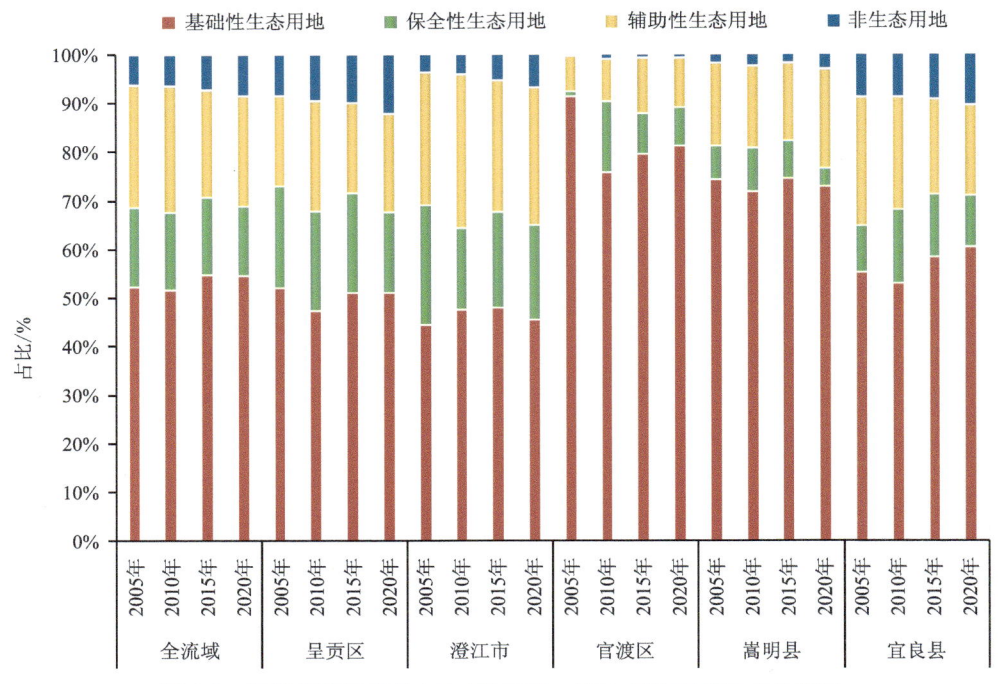

图 8-2　阳宗海流域各县(市、区)2005—2020 年生态用地占比情况

8.2.2　生态用地动态度变化

从生态用地动态变化度来看,研究区 2005—2020 年基础性生态用地、保全性生态用地、辅助性生态用地和非生态用地的动态变化度分别为 0.28％、−0.85％、−0.66％、2.51％。保全性生态用地和辅助性生态用地面积呈减少趋势,基础性生态用地和非生态用地面积呈增加趋势,其中非生态用地面积增加最多,2005—2020 年非生态用地面积增加 798.61 hm^2,主要原因为阳宗海流域内学校建设、温泉公园开发等促使建设用地面积不断增加;基础性生态用地面积增加时段主要聚集在 2010—2015 年,尤以林地面积增加最为明显,充分说明"退耕还林还草"等政策成效显著。总的来说,随着社会经济不断发展,建设用地需求增加,生态用地被占用,导致生态用地面积减少,非生态用地面积增加。

表 8-2 显示,2005—2020 年各土地利用动态变化度从高到低依次为建设用地、草地、林地、水域、耕地、园地、裸地。其中建设用地、林地、草地、水域面积表现为增加,裸地、园地和耕地面积表现为减少。2005—2010 年,草地、园地、耕地和建设用地面积增加,其他地类面积减少;2010—2015 年,以林地、建设用地面积增加,耕地面积减少为主;2015—2020 年,以水域、耕地和建设用地面积增加,裸地面积减少为主。各时段土地利用类型的增加及减少等变化,与当地实施高原湖泊保护、"退耕还林还草"等政策以及社会经济发展对建设用地需求等具有较为紧密的关系。土地利用类型变化是社会经济、人口发展、政策等多因素共同作用的结果。

表 8-2　2005—2020 年研究区生态用地变化幅度及动态变化度

生态用地类型	土地利用类型	2005—2010 年		2010—2015 年		2015—2020 年		2005—2020 年	
		变化量/hm^2	动态变化度/%	变化量/hm^2	动态变化度/%	变化量/hm^2	动态变化度/%	变化量/hm^2	动态变化度/%
基础性生态用地	林地	−161.80	−0.23	970.47	1.37	−181.44	−0.24	627.23	0.29
	草地	24.87	2.39	47.29	4.06	−4.81	−0.34	67.35	2.16
	水域	−73.27	−0.45	50.43	0.32	87.02	0.54	64.18	0.13
保全性生态用地	裸地	−134.82	−0.48	−46.30	−0.17	−526.80	−1.96	−707.92	−0.85
辅助性生态用地	园地	34.10	2.61	−57.49	−3.89	−9.61	−0.81	−33.00	−0.84
	耕地	202.07	0.49	−1 186.24	−2.80	167.72	0.46	−816.45	−0.66
非生态用地	建设用地	108.84	1.03	221.84	1.99	467.93	3.82	798.61	2.51

注：本章中非生态用地面积中的建设用地面积包含了水利设施用地面积。

8.3　生态用地转移变化

为了更好地探讨阳宗海流域 2005—2020 年生态用地与非生态用地之间以及生态用地内部各地类之间的转移情况，笔者通过桑基图和转移矩阵进行分析。

图 8-3 和表 8-3 显示，2005—2010 年各类生态用地面积均发生变化，既有增加又有减少。从总体变化来看，辅助性生态用地和非生态用地面积表现为增加，分别为 236.17 hm^2 和 108.84 hm^2；

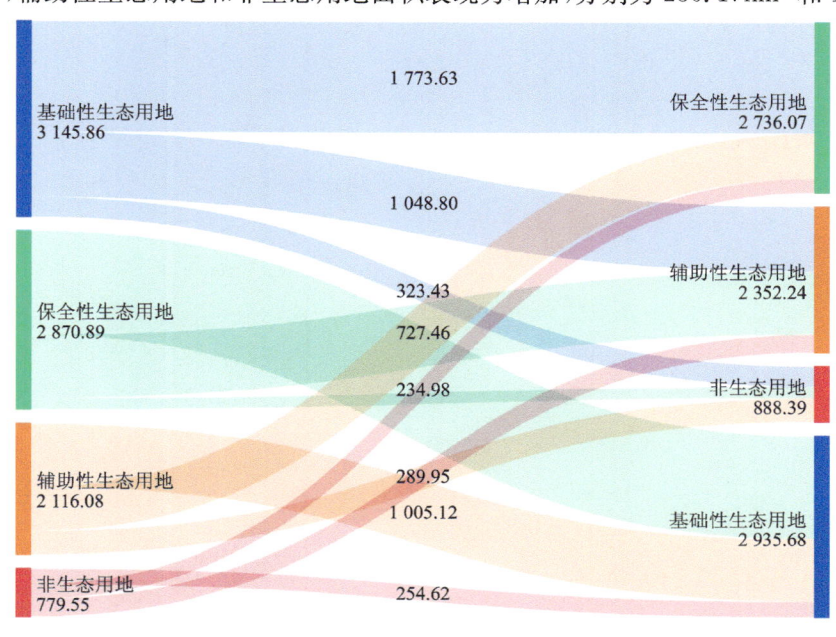

图 8-3　2005—2010 年研究区生态用地类型桑基图（单位：hm^2）

基础性生态用地和保全性生态用地面积表现为减少,分别为 210.19hm² 和134.82hm²。其中以基础性生态用地和保全性生态用地两者之间的转换最为剧烈,其次为辅助性生态用地,主要原因为耕地和裸地之间、林地和裸地之间以及耕地和林地之间等相互转换较为频繁。

表 8-3 2005—2010 年研究区生态用地各地类转移矩阵　　　　　　　　单位:hm²

生态用地类型	2005 年面积	调整至其他生态用地类型				增加	减少	净增加	2010 年面积
		基础性生态用地面积	保全性生态用地面积	辅助性生态用地面积	非生态用地面积				
基础性生态用地	17 820.57	0.00	1 773.63	1 048.80	323.43	2 935.67	3 145.86	−210.19	17 610.38
保全性生态用地	5 568.35	1 675.94	0.00	1 013.49	181.46	2 736.07	2 870.89	−134.82	5 433.53
辅助性生态用地	8 542.67	1 005.12	727.46	0.00	383.50	2 352.25	2 116.08	236.17	8 778.84
非生态用地	2 118.86	254.62	234.98	289.95	0.00	888.39	779.55	108.84	2 227.70
合计	34 050.45	2 935.67	2 736.07	2 352.25	888.39	8 912.38	8 912.38	0.00	34 050.45

图 8-4 和表 8-4 显示,2010—2015 年各类生态用地面积均发生变化,既有增加又有减少。从总体变化来看,基础性生态用地和非生态用地面积表现为增加,分别为 1 068.19hm² 和221.84hm²;保全性生态用地和辅助性生态用地面积表现为减少,分别为 46.31hm² 和 1 243.72hm²。其中基础

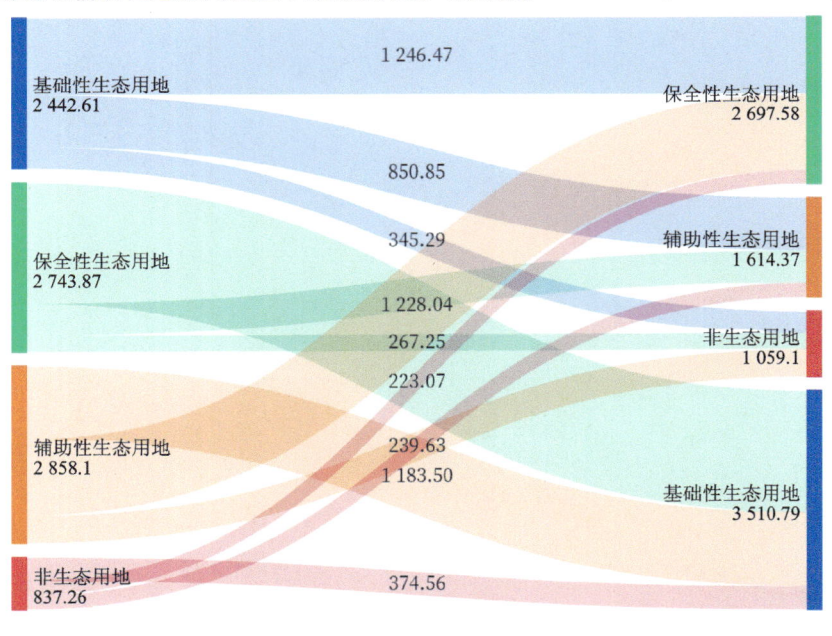

图 8-4 2010—2015 年研究区生态用地类型桑基图(单位:hm²)

第8章 阳宗海流域生态用地变化情况

性生态用地面积的增幅最为明显,增幅达 6.07%;辅助性生态用地面积减少较为明显,减幅达 14.17%。这说明此时段研究区除新增建设用地占用耕地外,还受到实施"退耕还林"政策影响。此时段内耕地面积减少 1 186.24hm², 林地面积增加 970.47hm²。

表 8-4　2010—2015 年研究区生态用地各地类转移矩阵　　　　　　　　单位:hm²

生态用地类型	2010 年面积	调整至其他生态用地类型				增加	减少	净增加	2015 年面积
		基础性生态用地面积	保全性生态用地面积	辅助性生态用地面积	非生态用地面积				
基础性生态用地	17 610.38	0.00	1 246.47	850.85	345.29	3 510.80	2 442.61	1 068.19	18 678.57
保全性生态用地	5 433.53	1 952.73	0.00	523.89	267.25	2 697.57	2 743.88	−46.31	5 387.22
辅助性生态用地	8 778.84	1 183.50	1 228.04	0.00	446.56	1 614.37	2 858.10	−1 243.72	7 535.12
非生态用地	2 227.70	374.56	223.07	239.63	0.00	1 059.10	837.26	221.84	2 449.54
合计	34 050.45	3 510.80	2 697.57	1 614.37	1 059.10	8 881.85	8 881.85	0.00	34 050.45

图 8-5 和表 8-5 显示,2015—2020 年各类生态用地面积均发生变化,既有增加又有减少。从总体变化来看,辅助性生态用地和非生态用地面积表现为增加,分别为 158.11hm² 和 467.93hm²;基础性生态用地和保全性生态用地面积表现为减少,分别为 99.24hm² 和 526.79hm²。此时

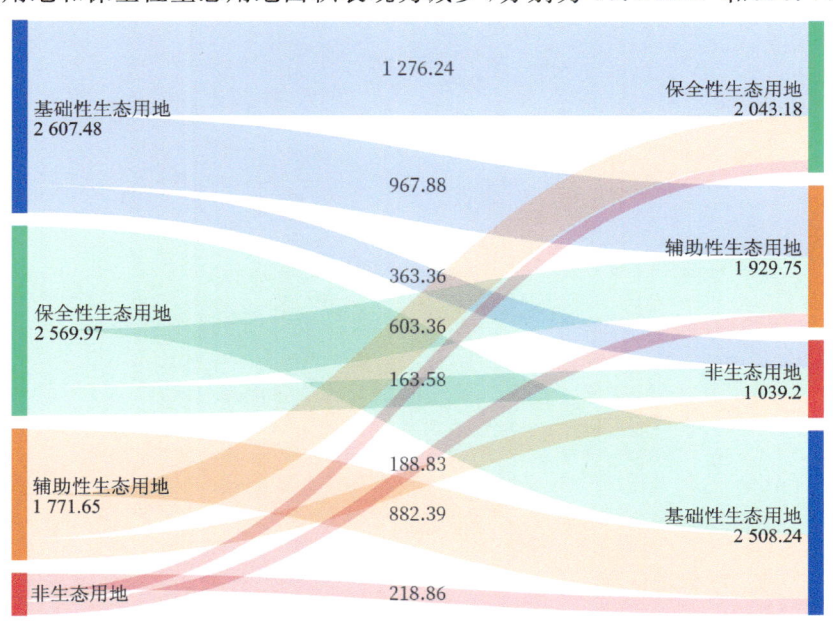

图 8-5　2015—2020 年研究区生态用地类型桑基图(单位:hm²)

段内各类生态用地变化与2010—2015年相比,较为平缓,其中保全性生态用地和非生态用地变化相对较为明显,保全性生态用地面积减幅为0.98%,非生态用地面积增幅为1.91%,主要受到研究区新增居民点、基础设施及湿地公园等因素影响,部分裸地被耕地和林地等占用导致裸地面积减少明显。

表8-5 2015—2020年研究区生态用地各地类转移矩阵   单位:hm²

生态用地类型	2015年面积	调整至其他生态用地类型				增加	减少	净增加	2020年面积
		基础性生态用地面积	保全性生态用地面积	辅助性生态用地面积	非生态用地面积				
基础性生态用地	18 678.57	0.00	1 276.24	967.88	363.36	2 508.24	2 607.48	−99.24	18 579.33
保全性生态用地	5 387.22	1 406.99	0.00	773.04	389.94	2 043.18	2 569.97	−526.79	4 860.43
辅助性生态用地	7 535.12	882.39	603.36	0.00	285.90	1 929.75	1 771.65	158.11	7 693.22
非生态用地	2 449.54	218.86	163.58	188.83	0.00	1 039.20	571.27	467.93	2 917.47
合计	34 050.45	2 508.24	2 043.18	1 929.75	1 039.20	7 520.38	7 520.38	0.00	34 050.45

图8-6和表8-6显示,2005—2020年,各类生态用地面积均发生变化,既有增加又有减少。从总体变化来看,基础性生态用地和非生态用地面积表现为增加,分别为758.76hm²和

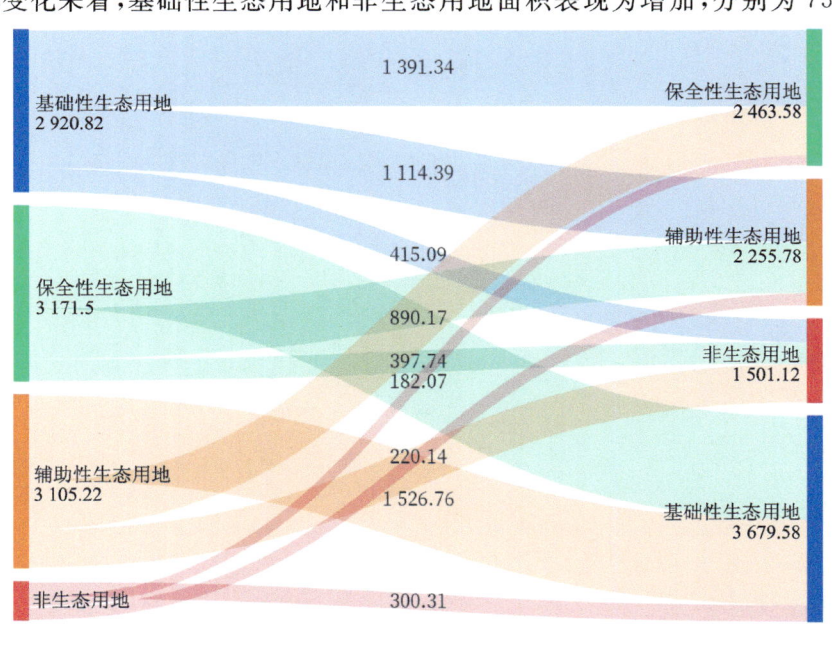

图8-6 2005—2020年研究区生态用地类型桑基图(单位:hm²)

798.61hm²;保全性生态用地和辅助性生态用地面积表现为减少,分别为 707.92hm² 和 849.45hm²。与 2005—2020 年相比,耕地、裸地和园地面积减少,林地、草地、建设用地和水域面积增加。

表 8-6　2005—2020 年研究区生态用地各地类转移矩阵　　　　　　　　　单位:hm²

生态用地类型	2005 年面积	调整至其他生态用地类型				增加	减少	净增加	2020 年面积
		基础性生态用地面积	保全性生态用地面积	辅助性生态用地面积	非生态用地面积				
基础性生态用地	17 820.57	0.00	1 391.34	1 114.39	415.09	3 679.58	2 920.82	758.76	18 579.33
保全性生态用地	5 568.35	1 852.51	0.00	921.25	397.74	2 463.58	3 171.50	−707.92	4 860.43
辅助性生态用地	8 542.67	1 526.76	890.17	0.00	688.29	2 255.77	3 105.22	−849.45	7 693.22
非生态用地	2 118.86	300.31	182.07	220.14	0.00	1 501.12	702.51	798.61	2 917.47
合计	34 050.45	3 679.58	2 463.58	2 255.77	1 501.12	9 900.05	9 900.05	0.00	34 050.45

从生态用地的具体构成类型来看,2005—2020 年,各类土地利用面积均发生变化。从总体变化来看,耕地、园地和裸地面积减少,其中耕地和裸地面积减少较多,分别为 816.45hm²、707.92hm²,园地面积减少较少,为 33.00hm²;林地、草地、建设用地和水域面积增加,其中建设用地和林地面积增加较多,分别为 798.61hm²、627.23hm²,草地和水域面积增加较少,分别为 67.35hm²、64.18hm²。

从流入角度来看,林地、耕地、裸地、建设用地面积增加较多。其中,林地面积增加的来源地类主要为耕地和裸地,两者占比达 87.16%,主要受到当地"退耕还林还草"政策实施影响,通过退耕和开垦质量较好的裸地进行林地种植;耕地面积增加的来源地类主要为林地和裸地,两者占比达 85.15%,说明随着人口的增加,主要通过开垦裸地等促使耕地面积增加;裸地面积增加的来源地类主要为林地和耕地,两者占比达 87.40%,主要包括耕种条件较差、距居民点较远等导致耕种荒废的耕地以及受到天气等因素影响退化为裸地的灌木林地等;建设用地面积增加的来源地类主要为耕地、裸地和林地,三者占比达 96.48%,建设用地面积增加的原因除了新增基础配套设施外,主要为阳宗海西南侧的学校建设、阳宗海北部的华侨城温泉公园建设等。

从流出角度来看,林地、耕地、裸地、建设用地面积减少较多。林地流出的地类主要为裸地和耕地,两者占比达 81.10%,受天气等因素影响一部分灌木林转化为裸地,虽然当地实施"退耕还林还草"政策,但是仍存在将林地开垦为耕地的情况;耕地流出的地类主要为林地和建设用地,两者占比达 64.42%,主要原因为新增建设用地占用耕地及受"退耕还林还草"政策影响;裸地流出的地类包含所有地类,主要为林地、耕地和建设用地,三者占比达 94.61%,存在新增建设用地占用裸地以及将裸地开垦为耕地和林地的情况。

8.4 生态用地景观格局变化

笔者借助 ArcGIS 和 Fragstats 4.2 软件对流域内生态用地图斑进行相应处理,将研究区土地利用类型矢量数据图斑转化为栅格数据(栅格单元大小为 10m×10m),选取平均斑块面积(S_{MPS})、边界密度(ρ_{ED})、斑块形状指数(I_{SHAPE})、蔓延度指数(C_{CONTAG})、景观分离度($D_{DIVISION}$)、景观多样性指数(D_{SHDI})、均匀度指数(e_{SHEI})和聚合度(A_{AI})8 个景观指数,通过景观格局指数分析阳宗海流域 2005—2020 年生态用地面积空间分布格局变化。

8.4.1 斑块类型水平变化

表 8-7 显示,研究区生态用地中林地、水域、耕地 3 种地类的平均斑块面积、斑块数量高于其他地类,三者面积总和占研究区土地总面积的 75% 左右,说明研究区景观类型以林地、水域、耕地为主,其中以林地面积分布最多。2005—2020 年林地面积增加,但平均斑块面积减少,边界密度和斑块形状指数增加,表明林地有破碎化趋势,斑块形状由简单趋向复杂;2005—2020 年,水域面积虽有增加,但变化幅度不大,平均斑块面积持续减少,斑块数量持续增加,说明除阳宗海湖泊外,其他水域呈较为明显的破碎化趋势,受到人为和自然因素影响,几何形状越来越复杂;耕地是人类活动干扰影响较大的地类,受当地"退耕还林还草"政策、新增建设用地占用等因素影响,耕地面积呈减少趋势,尤以 2010—2015 年面积减少最为显著,达 1 186.24 hm²。2005—2020 年,耕地面积减少,平均斑块面积呈下降趋势,斑块数量增加,表明耕地破碎化程度加剧,边界密度和斑块形状指数呈先增后减的趋势,说明其几何形状表现为"简单—复杂—简单"。

表 8-7 2005—2020 年研究区景观类型水平指数

生态用地类型	景观类型	年份/年	平均斑块面积(S_{MPS})/hm²	边界密度(ρ_{ED})	斑块形状指数(I_{SHAPE})
基础性生态用地	林地	2005	7.841 3	94.039 0	68.689 7
		2010	5.040 2	113.832 5	83.143 5
		2015	5.034 4	132.405 0	93.395 3
		2020	6.604 1	119.773 7	85.165 4
	草地	2005	3.414 1	2.011 4	11.920 4
		2010	0.524 0	4.180 6	23.423 0
		2015	2.641 3	4.638 7	23.597 0
		2020	1.688 9	4.394 9	22.623 5
	水域	2005	11.527 5	4.009 9	5.975 5
		2010	9.363 4	3.856 3	5.821 1
		2015	7.782 1	5.396 1	8.108 2
		2020	5.678 8	5.679 8	8.410 7

续表 8-7

生态用地类型	景观类型	年份/年	平均斑块面积(S_{MPS})/hm²	边界密度(ρ_{ED})	斑块形状指数(I_{SHAPE})
保全性生态用地	裸地	2005	3.861 0	45.275 7	52.539 9
		2010	1.942 7	56.910 5	66.616 9
		2015	1.421 3	80.944 3	94.642 4
		2020	2.404 7	62.082 9	76.518 3
辅助性生态用地	园地	2005	3.112 0	2.975 6	16.104 9
		2010	2.327 4	3.975 6	19.959 9
		2015	0.709 2	5.065 1	28.320 4
		2020	1.693 6	4.008 8	23.244 2
	耕地	2005	4.639 9	81.346 9	76.881 4
		2010	3.934 1	91.736 5	85.708 5
		2015	4.002 5	90.957 1	91.562 9
		2020	3.926 7	86.150 4	85.824 7
非生态用地	建设用地	2005	0.155 0	52.108 5	97.333 3
		2010	0.115 9	66.379 7	120.277 8
		2015	0.236 4	55.310 0	95.512 1
		2020	0.273 7	59.765 7	94.759 7

8.4.2 景观水平变化

表 8-8 显示,2005—2020 年阳宗海流域景观蔓延度指数虽有小幅波动,但整体变化不大,说明研究区内优势斑块类型连接性较好,未出现明显破坏情况,且随着研究区道路等基础设施不断完善,进一步增强了景观连通性。景观分离度呈增加趋势、聚合度呈下降趋势,但变化较缓,说明研究区相同斑块类型的聚集程度降低,离散性增强,有景观破碎化趋势,但不明显。多样性指数和均匀度指数虽出现一定程度的波动变化,呈上升—下降—上升的趋势,但变化幅度不大,说明研究区景观多样性和景观优势度相对较为稳定。总体而言,2005—2020 年阳宗

表 8-8 2005—2020 年研究区景观尺度上的景观指数变化

年份/年	蔓延度指数(C_{CONTAG})	景观分离度($D_{DIVISION}$)	聚合度(A_{AI})	景观多样性指数(D_{SHDI})	均匀度指数(e_{SHEI})
2005	53.937 2	0.944 0	92.951 8	1.469 2	0.755 0
2010	52.328 8	0.959 1	91.472 5	1.478 6	0.759 9
2015	51.758 6	0.946 6	90.625 4	1.468 7	0.754 8
2020	52.124 6	0.948 5	91.448 4	1.481 5	0.761 3

海流域空间格局景观特征具有一定的空间分异性,2010年以后研究区逐步进行治理和保护,景观聚合度、景观多样性和景观优势度等均保持相对稳定,人为因素干扰得到缓解,生态环境得到保护。

8.5 本章小结

8.5.1 讨论

许多学者从阳宗海流域重金属污染等方面进行分析研究,从生态用地角度对阳宗海流域开展的相关研究较少。笔者选择2005年、2010年、2015年、2020年4期数据,采用动态变化度分析、转移矩阵分析、景观格局指数计算等方法,对研究区生态用地数量、空间分布、转移变化及景观格局指数进行研究,研究结果与樊凯等(2018)、朱泓等(2020)得出的结论基本一致。城市化和工业化、区域人口增加等对生产和生活空间提出的扩张需求,必然会造成生态用地空间的挤压。从研究区2005—2020年各地类转移矩阵来看,挤占的生态用地主要以保全性生态用地中的裸地和辅助性生态用地中的耕地为主,对基础性生态用地影响不大,但仍应立足保障生态安全和区域安全,积极实施清除湖区淤泥、加强入湖河道综合整治并积极实施种植业产业结构调整等措施,将部分荒山石漠土地调整为种植业示范区,确保流域内生态环境质量得到进一步提升。此外,流域生态用地时空格局变化是一个长期、动态的过程,往往受到人为、自然、政策等多因素影响,阳宗海流域生态用地驱动机制将是今后进一步探索和研究的方向。

8.5.2 结论

笔者主要采用动态变化度、转移矩阵及景观格局指数,对阳宗海流域生态用地数量、空间分布、生态用地内部及生态用地与非生态用地之间转移变化、景观格局指数变化等进行分析,主要结论如下。

(1)阳宗海流域生态用地以基础性生态用地和辅助性生态用地为主,两者占研究区土地总面积的77%左右,其中基础性生态用地分布较为广泛,整个研究区均有分布;辅助性生态用地主要分布于阳宗海北岸和南岸,此区域土地肥沃,宜于发展农业。2005—2020年,阳宗海流域生态用地面积整体呈减少趋势,共减少798.61 hm^2。其中基础性生态用地面积整体表现为增加,保全性生态用地和辅助性生态用地面积表现为减少,基础性生态用地面积增加主要原因是受到"退耕还林还草"政策影响,林地面积小幅上升,尤以2010—2015年林地面积增加最为显著,充分说明"退耕还林还草"等政策的实施成效显著。

(2)从生态转移矩阵来看,转入、转出发生变化较大的地类为林地、耕地、裸地和建设用地。生态用地内部以及生态用地与非生态用地之间转换频繁,主要表现为林地面积增加来源地类为耕地和裸地,耕地面积增加的来源地类为林地和裸地,建设用地面积增加的来源地类为耕地、裸地和林地等。林地流出地类为裸地和耕地,耕地流出地类为林地和建设用地。

(3)从景观格局指数来看,研究区景观类型以林地、水域和耕地为主。2005—2020年林地、水域和耕地均有破碎化趋势,且斑块几何形状由简单趋向复杂,表明人口、经济、政策等因素对耕地、水域等地类影响较大,"退耕还林还草"及"退田还湖"政策实施取得成效。但从整体来看,研究区优势斑块类型连接度较好,景观多样性和景观优势度虽有一定波动,但整体相对稳定。

主要参考文献

蔡艳洁,张恩楼,刘恩峰,等,2017.云南阳宗海沉积物重金属污染时空特征及潜在生态风险[J].湖泊科学,29(5):1121-1133.

陈瑜琦,张智杰,郭旭东,等,2018.中国重点生态功能区生态用地时空格局变化研究[J].中国土地科学,32(2):19-26.

迟妍妍,许开鹏,王晶晶,等,2018.京津冀地区生态空间识别研究[J].生态学报,38(23):8555-8563.

樊凯,张建生,裴文娟,等,2018.云南省三大高原湖泊流域土地利用景观格局及其稳定性分析[J].西南农业学报,31(8):1706-1711.

韩姝程,程久苗,洪德和,2020.安徽省生态用地时空格局演变及驱动因素研究[J].上海国土资源,41(2):54-61.

姜洪涛,牛帅,2021.内蒙古生态用地时空演变过程及其影响因素分析[J].国土资源科技管理,38(6):39-53.

林伊琳,赵俊三,张萌,等,2019.滇中城市群国土空间格局识别与时空演化特征分析[J].农业机械学报,50(8):176-191.

马彩虹,安斯文,滑雨琪,等,2022.宁夏沿黄经济带生态用地格局演变及其驱动机制[J].经济地理,42(6):179-187.

乔伟峰,盛业华,方斌,等,2013.基于转移矩阵的高度城市化区域土地利用演变信息挖掘——以江苏省苏州市为例[J].地理研究,32(8):1497-1507.

璩路路,刘彦随,周扬,等,2019.罗霄山区生态用地时空演变及其生态系统服务功能的响应——以井冈山为例[J].生态学报,39(10):3468-3481.

谭永忠,赵越,曹宇,等,2016.中国区域生态用地分类的研究进展[J].中国土地科学,30(9):28-36.

唐秀美,陈百明,路庆斌,等,2010.城市边缘区土地利用景观格局变化分析[J].中国人口·资源与环境,20(8):159-163.

童李霞,燕琴,骆成凤,等,2017.青海湖流域草地时空变化特征初探[J].青海草业,26(3):7-12,6.

汪清川,奚砚涛,刘欣然,等,2021.生态服务价值对土地利用变化的时空响应研究——以徐州市为例[J].自然资源遥感,33(3):219-228.

卫新东,张健,王筛妮,等,2021.黄河流域2000—2020年生态用地格局变化与分异趋势[J].生态学杂志,40(11):3424-3435.

谢高地,鲁春霞,成升魁,等,2001.中国的生态空间占用研究[J].资源科学(6):20-23.

杨楠,龚祁,李敏玉,等,2022.珠江三角洲西岸生态用地时空变化及景观格局演变特征研究[J].湖北农业科学,61(14):53-60.

余晓珊,蒙红卫,黄林培,等,2020.滇中阳宗海流域过去1200年以来的环境变化[J].生态学杂志,39(6):1896-1910.

周朕,蒙吉军,齐杨,等,2016.中国生态用地重要性及其格局优化研究进展[J].生态学杂志,35(1):218-225.

朱泓,王金亮,程峰,等,2020.滇中湖泊流域生态环境质量监测与评价[J].应用生态学报,31(4):1289-1297.

邹鲤岭,李昌盛,郎学伟,2021.昆明阳宗海沿岸农田土壤及农作物砷污染特征研究与评价[J].西南农业学报,34(5):1096-1100.

第9章　结　论

本书以阳宗海流域为研究区,基于获取的 2005 年、2010 年、2015 年和 2020 年 4 期空间分辨率为 0.5 m 的影像,通过 ERDAS、ArcGIS、Fragstats 等相关软件对数据进行处理、分析,对研究区土地利用变化与景观格局,尤其是耕地景观、建设用地景观、生态用地类型分布等进行了较为详细的阐述,探讨了 2005—2020 年研究区各地类变化的原因,得到如下结论。

(1)从整体来看,阳宗海流域在 2005—2020 年期间各地类面积既有增加,也有减少。受社会经济发展、人口增加及当地政府实施"退耕还林还草"政策等因素影响,建设用地、林地面积呈增加趋势,增加面积分别为 809.31hm^2 和 627.23hm^2;未利用地、耕地面积减少,减少面积分别为 707.92hm^2 和 816.45hm^2;园地等其余地类面积变化幅度不大。2005—2010 年,受人为干扰等因素影响,流域内土地利用景观破碎度增强,湖泊面积减少。2010—2020 年,研究区景观格局逐步向着聚集方向发展,景观多样性和景观优势度相对较为稳定,湖泊面积由减向增变化,生态环境治理和保护成效得以体现。此外,随着阳宗海湖泊周边"退耕还湖""河道治理"等措施实施,阳宗海湖泊形状和分维数越来越复杂,质心发生偏移。

(2)从耕地空间分布及景观格局变化来看,地形条件对耕地空间分布有一定的影响。研究区耕地在海拔 2300m 以下、坡度 25°以下区域分布面积较大,占耕地总面积的 85%左右。从坡向分布来看,耕地面积分布由大到小的坡向排序为阴坡＞半阴坡＞半阳坡＞阳坡。从各时段耕地面积增减变化来看,在不同海拔、坡度和坡向均有发生,差异不大。2005—2020 年各时段耕地面积既有增加又有减少,主要增加和流向的地类包括林地、未利用地和建设用地,其中占比较大的为林地。尤其是 2005—2015 年期间耕地面积减少的主要去向为林地,说明当地"退耕还林还草"等生态保护措施具有一定的成效。2005—2020 年各时段景观格局指数均发生变化,耕地斑块个数增加,平均斑块面积减少,聚集度下降,说明景观格局整体空间聚集性减弱,呈景观破碎化趋势。

(3)从建设用地空间分布及景观格局变化来看,地形条件对建设用地空间分布有一定的影响。研究区建设用地在海拔 2000m 以下、坡度 8°以下区域分布面积较大,占建设用地总面积的 65%左右。从坡向分布来看,建设用地面积分布由大到小的坡向顺序为阴坡＞半阴坡＞半阳坡＞阳坡。从各时段建设用地面积增减变化来看,在不同海拔、坡度和坡向均有发生;2005—2020 年各时段建设用地面积既有增加又有减少,主要增加和流向的地类包括耕地、林地和未利用地,三者占比达 95%左右,其中耕地占比最大。尤其是 2005—2015 年期间,建设用地面积减少后流向的主要地类为耕地、林地和未利用地,三者占比达 90%左右,部分农村建设用地复垦为耕地,阳宗海北岸的采矿用地等复垦为林地并存在撂荒地的情况等。2005—

2020年各时段景观格局指数均发生变化,建设用地斑块个数减少,平均斑块面积和斑块分维数增加,说明景观格局整体空间聚集性增强,呈景观连通性增强趋势。

(4)从生态用地空间分布来看,阳宗海流域生态用地以基础性生态用地和辅助性生态用地为主,两者面积之和占研究区土地总面积的77%左右,其中基础性生态用地分布较为广泛,整个研究区均有分布;辅助性生态用地主要分布于阳宗海北岸和南岸,此区域土地肥沃,宜于发展农业。2005—2020年阳宗海流域生态用地面积整体呈减少趋势,共减少798.61hm^2。其中基础性生态用地面积整体表现为增加,保全性生态用地和辅助性生态用地面积表现为减少,基础性生态用地面积增加主要受"退耕还林还草"政策影响,林地面积小幅上升,尤以2010—2015年林地面积增加最为显著,充分说明"退耕还林还草"等政策实施成效显著。从整体来看,研究区优势斑块类型连接度较好,景观多样性和优势度虽有一定波动,但整体相对稳定。

附录 土地利用现状分类标准

（有修改）

附表1 土地规划用途分类

附表1 土地规划用途分类

一级类	二级类	三级类	编码	含义
1.农用地				指直接用于农业生产的土地,包括耕地、园地、林地、牧草地及其他农用地
	1.1 耕地		11	指种植农作物的土地,包括熟地,新开发、复垦、整理地,休闲地、轮歇地、草田轮作地;以种植农作物为主,间有零星果树、桑树或其他树木的土地;平均每年能保证收获一季的已垦滩地和海涂。耕地中包括南方宽度小于1.0m、北方宽度小于2.0m的沟、渠、路和地埂
		水田	111	指用于种植水稻、莲藕等水生农作物的耕地。包括实行水生、旱生农作物轮种的耕地
		水浇地	112	指有水源保证和灌溉设施,在一般年景能正常灌溉,种植旱生农作物的耕地。包括种植蔬菜等的非工厂化的大棚用地
		旱地	113	指无灌溉设施,主要靠天然降水种植旱生农作物的耕地,包括没有灌溉设施,仅靠引洪淤灌的耕地
	1.2 园地		12	指种植以采集果、叶、根、茎、汁等为主的集约经营的多年生木本和草本作物(含其苗圃),覆盖度大于50%和每亩有收益的株数达到合理株数70%的土地
		果园	121	指种植果树的园地
		茶园	122	指种植茶树的园地
		其他园地	123	指种植桑树、橡胶、可可、咖啡、油棕、胡椒、药材等其他多年生作物的园地
	1.3 林地		13	指生长乔木、竹类、灌木的土地,及沿海生长红树林的土地。包括迹地,不包括居民点内部的绿化林木用地,铁路、公路征地范围内的林木,以及河流、沟渠的护堤林
		有林地	131	指树木郁闭度大于或等于0.2的乔木林地,包括红树林地和竹林地
		灌木林地	132	指灌木覆盖度大于或等于40%的林地
		其他林地	133	包括疏林地(指树木郁闭度10%～19%的疏林地)、未成林地、迹地、苗圃等林地

续附表 1

一级类	二级类	三级类	编码	含义
1. 农用地	1.4 牧草地		14	指生长草本植物为主的土地
		天然牧草地	141	指以天然草本植物为主,用于放牧或割草的草地
		人工牧草地	142	指人工种植牧草的草地
		其他草地	143	指树木郁闭度小于0.1,表层为土质,生长草本植物为主,不用于畜牧业的草地
	1.5 其他农用地		15	指上述耕地、园地、林地、牧草地以外的农用地
		设施农用地	151	指直接用于经营性养殖的畜禽舍、工厂化作物栽培或水产养殖的生产设施用地及其相应附属用地,农村宅基地以外的晾晒场等农业设施用地
		农村道路	152	指公路用地以外的南方宽度大于或等于1.0m、北方宽度大于或等于2.0m的村间、田间道路(含机耕道)
		坑塘水面	153	指人工开挖或天然形成的蓄水量小于10万 m³ 的坑塘常水位岸线所围成的水面
		农田水利用地	154	指农民、农民集体或其他农业企业等自建或联建的农田排灌沟渠及其相应附属设施用地
		田坎	155	主要指耕地中南方宽度大于或等于1.0m、北方宽度大于或等于2.0m的地坎
2. 建设用地				指构造建筑物、构筑物的土地。包括居民点用地、独立工矿用地、特殊用地、风景旅游用地、交通用地、水利设施用地等
	2.1 城乡建设用地		21	指城镇、农村区域已建造建筑物、构筑物的土地。包括城市、建制镇、农村居民点、采矿用地等
		城市	211	指城市居民点,以及与城市连片的和区政府、县级市政府所在地镇级辖区内的商服、住宅、工业、仓储、机关、学校等单位用地
		建制镇	212	指建制镇居民点,以及所属的商服、住宅、工矿、工业、仓储、学校等企事业单位用地
		农村居民点	213	指农村居民点,以及所属的商服、住宅、工矿、工业、仓储、学校等用地
		采矿用地	214	独立于居民点之外的采矿、采石、采砂(沙)场,砖瓦窑等地面生产用地及尾矿堆放地(不含盐田)
		独立建设用地	215	指采矿地以外,对气候、环境、建设有特殊要求及其他不宜在居民点内配置的各类建设用地

续附表 1

一级类	二级类	三级类	编码	含义
2.建设用地	2.2 交通水利用地		22	指城乡居民点之外的交通运输用地和水利设施用地。其中,交通运输用地是指用于运输通行的地面线路、场站等的用地,包括公路、铁路、民用机场、港口、码头、管道运输及其附属设施用地;水利设施用地是指用于水库、水工建筑的工地
		铁路用地	221	指用于铁道线路、轻轨、场站的用地。包括设计内的路堤、路堑、道沟、桥梁、林木等用地
		公路用地	222	指用于国道、省道、县道和乡道的用地。包括设计内的路堤、路堑、道沟、桥梁、汽车停靠站、林木及直接为其服务的附属用地
		机场用地	223	指用于民用机场的用地
		港口码头用地	224	指用于人工修建的客运、货运、捕捞及工作船舶停靠的场所及其附属建筑物的用地,不包括常水位以下部分
		管道运输用地	225	指用于运输煤炭、石油、天然气等管道及其相应附属设施的地上部分用地
		水库水面	226	指人工拦截汇集而成的总库容大于或等于10万 m^3 的水库正常蓄水位岸线所围成的水面
		水工建筑用地	227	指除农田水利用地以外的人工修建的沟渠(包括渠槽、渠堤、护堤林)、闸、坝、堤路林、水电厂房、扬水站等常水位岸线以上的水工建筑物用地
	2.3 其他建设用地		23	指城乡建设用地范围之外的风景名胜设施用地、特殊用地、盐田
		风景名胜设施用地	231	指城乡建设用地范围之外的风景名胜(包括名胜古迹、旅游景点、革命遗址等)景点及管理机构的建筑用地
		特殊用地	232	指城乡建设用地范围之外的,用于军事设施、涉外、宗教、监教、殡葬等的土地
		盐田	233	指以经营盐为目的,包括盐场及附属设施用地

续附表 1

一级类	二级类	三级类	编码	含义
3. 其他土地				指农用地和建设用地以外的土地
	3.1 水域		31	指陆地河流、湖泊等水域用地,不包括滞洪区和已垦滩涂中的耕地、园地、林地、居民点、道路等用地
		河流水面	311	指天然形成或人工开挖河流常水位岸线之间的水面,不包括被堤坝拦截后形成的水库水面
		湖泊水面	312	指天然形成的积水区常水位岸线所围成的水面
		滩涂	313	指沿海大潮高潮位与低潮位之间的潮侵地带,河流、湖泊常水位与洪水位间的滩地;时令湖、河洪水位以下的滩地;水库、坑塘的正常蓄水位与最大洪水位间的滩地;生长芦苇的土地
	3.2 自然保留地		32	指水域以外,规划期内不利用、保留原有性状的土地,包括冰川及永久积雪、沼泽地、荒草地、盐碱地、沙地、裸地、高原荒漠、苔原等

说明:国家标准中的《土地规划用途分类表》中并未包含编码。云南省在实施《全国土地利用总体规划纲要(2006—2020年)》的过程中,为了使用方便,加入了编码。

附表2 第二次全国土地调查土地利用现状分类

附表2 第二次全国土地调查土地利用现状分类

编号	名称	编号	名称	含义
01	耕地			指种植农作物的土地,包括熟地,新开发、复垦、整理地,休闲地(含轮歇地、轮作地);以种植农作物(含蔬菜)为主,间有零星果树、桑树或其他树木的土地;平均每年能保证收获一季的已垦滩地和海涂。耕地中包括南方宽度小于1.0m、北方宽度小于2.0m固定的沟、渠、路和地坎(埂);临时种植药材、草皮、花卉、苗木等的耕地,以及其他临时改变用途的耕地
		011	水田	指用于种植水稻、莲藕等水生农作物的耕地。包括实行水生、旱生农作物轮种的耕地
		012	水浇地	指有水源保证和灌溉设施,在一般年景能正常灌溉,种植旱生农作物的耕地。包括种植蔬菜等的非工厂化的大棚用地
		013	旱地	指无灌溉设施,主要靠天然降水种植旱生农作物的耕地,包括没有灌溉设施,仅靠引洪淤灌的耕地
02	园地			指种植以采集果、叶、根、茎、汁等为主的集约经营的多年生木本和草本作物,覆盖度大于50%和每亩株数大于合理株数70%的土地。包括用于育苗的土地
		021	果园	指种植果树的园地
		022	茶园	指种植茶树的园地
		023	其他园地	指种植桑树、橡胶、可可、咖啡、油棕、胡椒、药材等其他多年生作物的园地
03	林地			指生长乔木、竹类、灌木的土地,及沿海生长红树林的土地。包括迹地,不包括居民点内部的绿化林木用地,铁路、公路征地范围内的林木,以及河流、沟渠的护堤林
		031	有林地	指树木郁闭度大于或等于0.2的乔木林地,包括红树林地和竹林地
		032	灌木林地	指灌木覆盖度大于或等于40%的林地
		033	其他林地	包括疏林地(指树木郁闭度10%~19%的疏林地)、未成林地、迹地、苗圃等林地
04	草地			指生长草本植物为主的土地
		041	天然牧草地	指以天然草本植物为主,用于放牧或割草的草地
		042	人工牧草地	指人工种植牧草的草地
		043	其他草地	指树木郁闭度小于0.1,表层为土质,以生长草本植物为主,不用于畜牧业的草地

续附表 2

编号	名称	编号	名称	含义
05	商服用地			指主要用于商业、服务业的土地
		051	批发零售用地	指主要用于商品批发、零售的用地。包括商场、商店、超市、各类批发（零售）市场,加油站等及其附属的小型仓库、车间、工场等的用地
		052	住宿餐饮用地	指主要用于提供住宿、餐饮服务的用地。包括宾馆、酒店、饭店、旅馆、招待所、度假村、餐厅、酒吧等
		053	商务金融用地	指企业、服务业等办公用地,以及经营性的办公场所用地。包括写字楼、商业性办公场所、金融活动场所和企业厂区外独立的办公场所等用地
		054	其他商服用地	指上述用地以外的其他商业、服务业用地。包括洗车场、洗染店、废旧物资回收站、维修网点、照相馆、理发美容店、洗浴场所等用地
06	工矿仓储用地			指主要用于工业生产、采矿、物资存放场所的土地
		061	工业用地	指工业生产及直接为工业生产服务的附属设施用地
		062	采矿用地	指采矿、采石、采砂（沙）场,盐田,砖瓦窑等地面生产用地及尾矿堆放地
		063	仓储用地	指用于物资储备、中转的场所用地
07	住宅用地			指主要用于人们生活居住的房基地及其附属设施的土地
		071	城镇住宅用地	指城镇用于生活居住的各类房屋用地及其附属设施用地。包括普通住宅、公寓、别墅等用地
		072	农村宅基地	指农村用于生活居住的宅基地
08	公共管理与公共服务用地			指用于机关团体、新闻出版、科教文卫、风景名胜、公共设施等的土地
		081	机关团体用地	指用于党政机关、社会团体、群众自治组织等的用地
		082	新闻出版用地	指用于广播电台、电视台、电影厂、报社、杂志社、通讯社、出版社等的用地
		083	科教用地	指用于各类教育、独立的科研、勘测、设计、技术推广、科普等的用地
		084	医卫慈善用地	指用于医疗保健、卫生防疫、急救康复、医检药检、福利救助等的用地
		085	文体娱乐用地	指用于各类文化、体育、娱乐及公共广场等的用地
		086	公共设施用地	指用于城乡基础设施的用地。包括给排水、供电、供热、供气、邮政、电信、消防、环卫、公用设施维修等用地
		087	公园与绿地	指城镇、村庄内部的公园、动物园、植物园、街心花园和用于休憩及美化环境的绿化用地
		088	风景名胜设施用地	指风景名胜（包括名胜古迹、旅游景点、革命遗址等）景点及管理机构的建筑用地。景区内的其他用地按现状归入相应地类

续附表 2

编号	名称	编号	名称	含义
09	特殊用地			指用于军事设施、涉外、宗教、监教、殡葬等的土地
		091	军事设施用地	指直接用于军事目的的设施用地
		092	使领馆用地	指用于外国政府及国际组织驻华使领馆、办事处等的用地
		093	监教场所用地	指用于监狱、看守所、劳改场、劳教所、戒毒所等的建筑用地
		094	宗教用地	指专门用于宗教活动的庙宇、寺院、道观、教堂等宗教自用地
		095	殡葬用地	指陵园、墓地、殡葬场所用地
10	交通运输用地			指用于运输通行的地面线路、场站等的土地。包括民用机场、港口、码头、地面运输管道和各种道路用地
		101	铁路用地	指用于铁道线路、轻轨、场站的用地。包括设计内的路堤、路堑、道沟、桥梁、林木等用地
		102	公路用地	指用于国道、省道、县道和乡道的用地。包括设计内的路堤、路堑、道沟、桥梁、汽车停靠站、林木及直接为其服务的附属用地
		103	街巷用地	指用于城镇、村庄内部公用道路(含立交桥)及行道树的用地。包括公共停车场、汽车客货运输站点及停车场等用地
		104	农村道路	指公路用地以外的南方宽度小于或等于1.0m、北方宽度大于或等于2.0m的村间、田间道路(含机耕道)
		105	机场用地	指用于民用机场的用地
		106	港口码头用地	指用于人工修建的客运、货运、捕捞及工作船舶停靠的场所及其附属建筑物的用地,不包括常水位以下部分
		107	管道运输用地	指用于运输煤炭、石油、天然气等管道及其相应附属设施的地上部分用地
11	水域及水利设施用地			指陆地水域,海涂,沟渠、水工建筑物等用地。不包括滞洪区和已垦滩涂中的耕地、园地、林地、居民点、道路等用地
		111	河流水面	指天然形成或人工开挖河流常水位岸线之间的水面,不包括被堤坝拦截后形成的水库水面
		112	湖泊水面	指天然形成的积水区常水位岸线所围成的水面
		113	水库水面	指人工拦截汇集而成的总库容大于或等于10万 m^3 的水库正常蓄水位岸线所围成的水面
		114	坑塘水面	指人工开挖或天然形成的蓄水量小于10万 m^3 的坑塘常水位岸线所围成的水面
		115	沿海滩涂	指沿海大潮高潮位与低潮位之间的潮浸地带。包括海岛的沿海滩涂。不包括已利用的滩涂

续附表 2

编号	名称	编号	名称	含义
11	水域及水利设施用地	116	内陆滩涂	指河流、湖泊常水位至洪水位间的滩地；时令湖、河洪水位以下的滩地；水库、坑塘的正常蓄水位与洪水位间的滩地。包括海岛的内陆滩地。不包括已利用的滩地
		117	沟渠	指人工修建，南方宽度大于或等于1.0m、北方宽度大于或等于2.0m用于引、排、灌的渠道，包括渠槽、渠堤、取土坑、护堤林
		118	水工建筑用地	指人工修建的闸、坝、堤路林、水电厂房、扬水站等常水位岸线以上的建筑物用地
		119	冰川及永久积雪	指表层被冰雪常年覆盖的土地
12	其他土地			指上述地类以外的其他类型的土地
		121	空闲地	指城镇、村庄、工矿内部尚未利用的土地
		122	设施农用地	指直接用于经营性养殖的畜禽舍、工厂化作物栽培或水产养殖的生产设施用地及其相应附属用地，农村宅基地以外的晾晒场等农业设施用地
		123	田坎	主要指耕地中南方宽度大于或等于1.0m、北方宽度大于或等于2.0m的地坎
		124	盐碱地	指表层盐碱聚集，生长天然耐盐植物的土地
		125	沼泽地	指经常积水或渍水，一般生长沼生、湿生植物的土地
		126	沙地	指表层为沙覆盖、基本无植被的土地。不包括滩涂中的沙地
		127	裸地	指表层为土质，基本无植被覆盖的土地；或表层为岩石、石砾，其覆盖面积大于或等于70%的土地

附录 土地利用现状分类标准

附表3 第三次全国国土调查土地分类

附表3-1 土地利用现状分类

一级类		二级类		含义
编码	名称	编码	名称	
01	耕地			指种植农作物的土地,包括熟地,新开发、复垦、整理地,休闲地(含轮歇地、休耕地);以种植农作物(含蔬菜)为主,间有零星果树、桑树或其他树木的土地;平均每年能保证收获一季的已垦滩地和海涂。耕地中包括南方宽度小于1.0m、北方宽度小于2.0m固定的沟、渠、路和地坎(埂);临时种植药材、草皮、花卉、苗木等的耕地,临时种植果树、茶树和林木且耕作层未破坏的耕地,以及其他临时改变用途的耕地
		0101	水田	指用于种植水稻、莲藕等水生农作物的耕地。包括实行水生、旱生农作物轮种的耕地
		0102	水浇地	指有水源保证和灌溉设施,在一般年景能正常灌溉,种植旱生农作物(含蔬菜)的耕地。包括种植蔬菜的非工厂化的大棚用地
		0103	旱地	指无灌溉设施,主要靠天然降水种植旱生农作物的耕地,包括没有灌溉设施,仅靠引洪淤灌的耕地
02	园地			指种植以采集果、叶、根、茎、汁等为主的集约经营的多年生木本和草本作物,覆盖度大于50%或每亩株数大于合理株数70%的土地。包括用于育苗的土地
		0201	果园	指种植果树的园地
		0202	茶园	指种植茶树的园地
		0203	橡胶园	指种植橡胶树的园地
		0204	其他园地	指种植桑树、可可、咖啡、油棕、胡椒、药材等其他多年生作物的园地
03	林地			指生长乔木、竹类、灌木的土地,及沿海生长红树林的土地。包括迹地,不包括城镇、村庄范围内的绿化林木用地,铁路、公路征地范围内的林木,以及河流、沟渠的护堤林
		0301	乔木林地	指乔木郁闭度大于或等于0.2的林地,不包括森林沼泽
		0302	竹林地	指生长竹类植物,郁闭度大于或等于0.2的林地
		0303	红树林地	指沿海生长红树植物的林地
		0304	森林沼泽	以乔木森林植物为优势群落的淡水沼泽
		0305	灌木林地	指灌木覆盖度大于或等于40%的林地,不包括灌丛沼泽
		0306	灌丛沼泽	以灌丛植物为优势群落的淡水沼泽
		0307	其他林地	包括疏林地(树木郁闭度大于或等于0.1、小于0.2的林地)、未成林地、迹地、苗圃等林地

续附表 3-1

一级类		二级类		含义
编码	名称	编码	名称	
04	草地			指生长草本植物为主的土地
		0401	天然牧草地	指以天然草本植物为主,用于放牧或割草的草地,包括实施禁牧措施的草地,不包括沼泽草地
		0402	沼泽草地	指以天然草本植物为主的沼泽化的低地草甸、高寒草甸
		0403	人工牧草地	指人工种植牧草的草地
		0404	其他草地	指树木郁闭度小于0.1,表层为土质,不用于放牧的草地
05	商服用地			指主要用于商业、服务业的土地
		0501	零售商业用地	以零售功能为主的商铺、商场、超市、市场和加油、加气、充换电站等用地
		0502	批发市场用地	以批发功能为主的市场用地
		0503	餐饮用地	饭店、餐厅、酒吧等用地
		0504	旅馆用地	宾馆、旅馆、招待所、服务型公寓、度假村等用地
		0505	商务金融用地	指商务服务用地,以及经营性的办公场所用地。包括写字楼、商业性办公场所、金融活动场所和企业厂区外独立的办公场所;信息网络服务、信息技术服务、电子商务服务、广告传媒等用地
		0506	娱乐用地	指剧院、音乐厅、电影院、歌舞厅、网吧、影视城、仿古城以及绿地率小于65%的大型游乐等设施用地
		0507	其他商服用地	指零售商业、批发市场、餐饮、旅馆、商务金融、娱乐用地以外的其他商业、服务业用地。包括洗车场、洗染店、照相馆、理发美容店、洗浴场所、赛马场、高尔夫球场、废旧物资回收站、机动车、电子产品和日用产品修理网点、物流营业网点、居住小区及小区级以下的配套服务设施等用地
06	工矿仓储用地			指主要用于工业生产、物资存放场所的土地
		0601	工业用地	指工业生产、产品加工制造、机械和设备修理及直接为工业生产等服务的附属设施用地
		0602	采矿用地	指采矿、采石、采砂(沙)场,砖瓦窑等地面生产用地,排土(石)及尾矿堆放地
		0603	盐田	指用于生产盐的土地,包括晒盐场所、盐池及附属设施用地
		0604	仓储用地	指用于物资储备、中转的场所用地,包括物流仓储设施、配送中心、转运中心等

续附表 3-1

一级类		二级类		含义
编码	名称	编码	名称	
07	住宅用地			指主要用于人们生活居住的房基地及其附属设施的土地
		0701	城镇住宅用地	指城镇用于生活居住的各类房屋用地及其附属设施用地,不含配套的商业服务设施等用地
		0702	农村宅基地	指农村用于生活居住的宅基地
08	公共管理与公共服务用地			指用于机关团体、新闻出版、科教文卫、公用设施等的土地
		0801	机关团体用地	指用于党政机关、社会团体、群众自治组织等的用地
		0802	新闻出版用地	指用于广播电台、电视台、电影厂、报社、杂志社、通讯社、出版社等的用地
		0803	教育用地	指用于各类教育用地,包括高等院校、中等专业学校、中学、小学、幼儿园及其附属设施用地,聋、哑、盲人学校及工读学校用地,以及为学校配建的独立地段的学生生活用地
		0804	科研用地	指独立的科研、勘察、研发、设计、检验检测、技术推广、环境评估与监测、科普等科研事业单位及其附属设施用地
		0805	医疗卫生用地	指医疗、保健、卫生、防疫、康复和急救设施等用地。包括综合医院、专科医院、社区卫生服务中心等用地;卫生防疫站、专科防治所、检验中心和动物检疫站等用地;对环境有特殊要求的传染病、精神病等专科医院用地;急救中心、血库等用地
		0806	社会福利用地	指为社会提供福利和慈善服务的设施及其附属设施用地。包括福利院、养老院、孤儿院等用地
		0807	文化设施用地	指图书、展览等公共文化活动设施用地。包括公共图书馆、博物馆、档案馆、科技馆、纪念馆、美术馆和展览馆等设施用地;综合文化活动中心、文化馆、青少年宫、儿童活动中心、老年活动中心等设施用地
		0808	体育用地	指体育场馆和体育训练基地等用地,包括室内外体育运动用地,如体育场馆、游泳场馆、各类球场及其附属的业余体校等用地,溜冰场、跳伞场、摩托车场、射击场,以及水上运动的陆域部分等用地,以及为体育运动专设的训练基地用地,不包括学校等机构专用的体育设施用地
		0809	公用设施用地	指用于城乡基础设施的用地。包括供水、排水、污水处理、供电、供热、供气、邮政、电信、消防、环卫、公用设施维修等用地
		0810	公园与绿地	指城镇、村庄范围内的公园、动物园、植物园、街心花园、广场和用于休憩、美化环境及防护的绿化用地

续附表 3-1

一级类		二级类		含义
编码	名称	编码	名称	
09	特殊用地			指用于军事设施、涉外、宗教、监教、殡葬、风景名胜等的土地
		0901	军事设施用地	指直接用于军事目的的设施用地
		0902	使领馆用地	指用于外国政府及国际组织驻华使领馆、办事处等的用地
		0903	监教场所用地	指用于监狱、看守所、劳改场、戒毒所等的建筑用地
		0904	宗教用地	指专门用于宗教活动的庙宇、寺院、道观、教堂等宗教自用地
		0905	殡葬用地	指陵园、墓地、殡葬场所用地
		0906	风景名胜设施用地	指风景名胜景点(包括名胜古迹、旅游景点、革命遗址、自然保护区、森林公园、地质公园、湿地公园等)的管理机构,以及旅游服务设施的建筑用地。景区内的其他用地按现状归入相应地类
10	交通运输用地			指用于运输通行的地面线路、场站等的土地。包括民用机场、汽车客货运场站、港口、码头、地面运输管道和各种道路以及轨道交通用地
		1001	铁路用地	指用于铁道线路及场站的用地。包括征地范围内的路堤、路堑、道沟、桥梁、林木等用地
		1002	轨道交通用地	指用于轻轨、现代有轨电车、单轨等轨道交通用地,以及场站的用地
		1003	公路用地	指用于国道、省道、县道和乡道的用地。包括征地范围内的路堤、路堑、道沟、桥梁、汽车停靠站、林木及直接为其服务的附属用地
		1004	城镇村道路用地	指城镇、村庄范围内公用道路及行道树用地,包括快速路、主干路、次干路、支路、专用人行道和非机动车道,及其交叉口等公共停车场,汽车客货运输站点及停车场等用地
		1005	交通服务场站用地	指城镇、村庄范围内交通服务设施用地,包括公交枢纽及其附属设施用地、公路长途客运站、公共交通场站、公共停车场(含设有充电桩的停车场)、停车楼、教练场等用地,不包括交通指挥中心、交通队用地
		1006	农村道路	在农村范围内,南方宽度大于或等于1.0m、小于或等于8m,北方宽度大于或等于2.0m、小于或等于8m,用于村间、田间交通运输,并在国家公路网络体系之外,以服务于农村农业生产为主要用途的道路(含机耕道)
		1007	机场用地	指用于民用机场、军民合用机场的用地
		1008	港口码头用地	指用于人工修建的客运、货运、捕捞及工程、工作船舶停靠的场所及其附属建筑物的用地,不包括常水位以下部分
		1009	管道运输用地	指用于运输煤炭、矿石、石油、天然气等管道及其相应附属设施的地上部分用地

续附表 3-1

一级类		二级类		含义
编码	名称	编码	名称	
11	水域及水利设施用地			指陆地水域、滩涂、沟渠、沼泽、水工建筑物等用地。不包括滞洪区和已垦滩涂中的耕地、园地、林地、城镇、村庄、道路等用地
		1101	河流水面	指天然形成或人工开挖河流常水位岸线之间的水面,不包括被堤坝拦截后形成的水库区段水面
		1102	湖泊水面	指天然形成的积水区常水位岸线所围成的水面
		1103	水库水面	指人工拦截汇集而成的总设计库容大于或等于 10 万 m^3 的水库正常蓄水位岸线所围成的水面
		1104	坑塘水面	指人工开挖或天然形成的蓄水量小于 10 万 m^3 的坑塘常水位岸线所围成的水面
		1105	沿海滩涂	指沿海大潮高潮位与低潮位之间的潮浸地带。包括海岛内沿海滩涂。不包括已利用的滩涂
		1106	内陆滩涂	指河流、湖泊常水位至洪水位间的滩地;时令湖、河洪水位以下的滩地;水库、坑塘的正常蓄水位与洪水位间的滩地。包括海岛内内陆滩地。不包括已利用的滩地
		1107	沟渠	指人工修建,南方宽度大于或等于 1.0m,北方宽度大于或等于 2.0m 用于引、排、灌的渠道,包括渠槽、渠堤、护堤林及小型泵站
		1108	沼泽地	指经常积水或渍水,一般生长湿生植物的土地。包括草本沼泽、苔藓沼泽、内陆盐沼等。不包括森林沼泽、灌丛沼泽和沼泽草地
		1109	水工建筑用地	指人工修建的闸、坝、堤路林、水电厂房、扬水站等常水位岸线以上的建(构)筑物用地
		1110	冰川及永久积雪	指表层被冰雪常年覆盖的土地
12	其他土地			指上述地类以外的其他类型的土地
		1201	空闲地	指城镇、村庄、工矿范围内尚未使用的土地。包括尚未确定用途的土地
		1202	设施农用地	指直接用于经营性畜禽养殖生产设施及附属设施用地;直接用于作物栽培或水产养殖等农产品生产的设施及附属设施用地;直接用于设施农业项目辅助生产的设施用地;晾晒场、粮食果品烘干设施、粮食和农资临时存放场所、大型农机具临时存放场所等规模化粮食生产所必需的配套设施用地
		1203	田坎	指梯田及梯状坡地耕地中,主要用于拦蓄水和护坡,南方宽度大于或等于 1.0m、北方宽度大于或等于 2.0m 的地坎
		1204	盐碱地	指表层盐碱聚集,生长天然耐盐植物的土地
		1205	沙地	指表层为沙覆盖、基本无植被的土地。不包括滩涂中的沙地
		1206	裸土地	指表层为土质,基本无植被覆盖的土地
		1207	裸岩石砾地	指表层为岩石或石砾,其覆盖面积大于或等于 70% 的土地

附表 3-2　第三次全国国土调查工作分类

一级类		二级类		含义
编码	名称	编码	名称	
00	湿地			指红树林地,天然的或人工的,永久的或间歇性的沼泽地、泥炭地,盐田,滩涂等
		0303	红树林地	沿海生长红树植物的土地
		0304	森林沼泽	以乔木森林植物为优势群落的淡水沼泽
		0306	灌丛沼泽	以灌丛植物为优势群落的淡水沼泽
		0402	沼泽草地	指以天然草本植物为主的沼泽化的低地草甸、高寒草甸
		0603	盐田	指用于生产盐的土地,包括晒盐场所、盐池及附属设施用地
		1105	沿海滩涂	指沿海大潮高潮位与低潮位之间的潮浸地带。包括海岛的沿海滩涂。不包括已利用的滩涂
		1106	内陆滩涂	指河流、湖泊常水位至洪水位间的滩地;时令湖、河洪水位以下的滩地;水库、坑塘的正常蓄水位与洪水位间的滩地。包括海岛的内陆滩地。不包括已利用的滩地
		1108	沼泽地	指经常积水或渍水,一般生长湿生植物的土地。包括草本沼泽、苔藓沼泽、内陆盐沼等。不包括森林沼泽、灌丛沼泽和沼泽草地
01	耕地			指种植农作物的土地,包括熟地,新开发、复垦、整理地,休闲地(含轮歇地、休耕地);以种植农作物(含蔬菜)为主,间有零星果树、桑树或其他树木的土地;平均每年能保证收获一季的已垦滩地和海涂。耕地中包括南方宽度小于 1.0m,北方宽度小于 2.0m 固定的沟、渠、路和地坎(埂);临时种植药材、草皮、花卉、苗木等的耕地,临时种植果树、茶树和林木且耕作层未破坏的耕地,以及其他临时改变用途的耕地
		0101	水田	指用于种植水稻、莲藕等水生农作物的耕地。包括实行水生、旱生农作物轮种的耕地
		0102	水浇地	指有水源保证和灌溉设施,在一般年景能正常灌溉,种植旱生农作物(含蔬菜)的耕地。包括种植蔬菜的非工厂化的大棚用地
		0103	旱地	指无灌溉设施,主要靠天然降水种植旱生农作物的耕地,包括没有灌溉设施,仅靠引洪淤灌的耕地
02	种植园用地			指种植以采集果、叶、根、茎、汁等为主的集约经营的多年生木本和草本作物,覆盖度大于 50% 或每亩株数大于合理株数 70% 的土地。包括用于育苗的土地
		0201	果园	指种植果树的园地
			0201K	可调整果园	指由耕地改为果园,但耕作层未被破坏的土地
		0202	茶园	指种植茶树的园地

续附表 3-2

一级类		二级类		含义		
编码	名称	编码	名称			
02	种植园用地			0202K	可调整茶园	指由耕地改为茶园,但耕作层未被破坏的土地
		0203	橡胶园	指种植橡胶树的园地		
				0203K	可调整橡胶园	指由耕地改为橡胶园,但耕作层未被破坏的土地
		0204	其他园地	指种植桑树、可可、咖啡、油棕、胡椒、药材等其他多年生作物的园地		
				0204K	可调整其他园地	指由耕地改为其他园地,但耕作层未被破坏的土地
03	林地			指生长乔木、竹类、灌木的土地。包括迹地,不包括沿海生长红树林的土地、森林沼泽、灌丛沼泽,城镇、村庄范围内的绿化林木用地,铁路、公路征地范围内的林木,以及河流、沟渠的护堤林		
		0301	乔木林地	指乔木郁闭度大于或等于0.2的林地,不包括森林沼泽		
				0301K	可调整乔木林地	指由耕地改为乔木林地,但耕作层未被破坏的土地
		0302	竹林地	指生长竹类植物,郁闭度大于或等于0.2的林地		
				0302K	可调整竹林地	指由耕地改为竹林地,但耕作层未被破坏的土地
		0305	灌木林地	指灌木覆盖度大于或等于40%的林地,不包括灌丛沼泽		
		0307	其他林地	包括疏林地(树木郁闭度大于或等于0.1,小于0.2的林地)、未成林地、迹地、苗圃等林地		
				0307K	可调整其他林地	指由耕地改为未成造林地和苗圃,但耕作层未被破坏的土地
04	草地			指生长草本植物为主的土地,不包括沼泽草地		
		0401	天然牧草地	指以天然草本植物为主,用于放牧或割草的草地,包括实施禁牧措施的草地,不包括沼泽草地		
		0403	人工牧草地	指人工种植牧草的草地		
				0403K	可调整人工牧草地	指由耕地改为人工牧草地,但耕作层未被破坏的土地
		0404	其他草地	指树木郁闭度小于0.1,表层为土质,不用于放牧的草地		

续附表 3-2

一级类		二级类		含义
编码	名称	编码	名称	
05	商业服务业用地			指主要用于商业、服务业的土地
		05H1	商业服务业设施用地	指主要用于零售、批发、餐饮、旅馆、商务金融、娱乐及其他商服的土地
		0508	物流仓储用地	指用于物资储备、中转、配送等场所的用地,包括物流仓储设施、配送中心、转运中心等
06	工矿用地			指主要用于工业、采矿等生产的土地。不包括盐田
		0601	工业用地	指工业生产、产品加工制造、机械和设备修理,及直接为工业生产等服务的附属设施用地
		0602	采矿用地	指采矿、采石、采砂(沙)场,砖瓦窑等地面生产用地,排土(石)及尾矿堆放地,不包括盐田
07	住宅用地			指主要用于人们生活居住的房基地及其附属设施的土地
		0701	城镇住宅用地	指城镇用于生活居住的各类房屋用地及其附属设施用地,不含配套的商业服务设施等用地
		0702	农村宅基地	指农村用于生活居住的宅基地
08	公共管理与公共服务用地			指用于机关团体、新闻出版、科教文卫、公用设施等的用地
		08H1	机关团体新闻出版用地	指用于党政机关、社会团体、群众自治组织,广播电台、电视台、电影厂、报社、杂志社、通讯社、出版社等的用地
		08H2	科教文卫用地	指用于各类教育,独立的科研、勘察、研发、设计、检验检测、技术推广、环境评估与监测、科普等科研事业单位,医疗、保健、卫生、防疫、康复和急救设施,为社会提供福利和慈善服务的设施,图书、展览等公共文化活动设施,体育场馆和体育训练基地等用地及其附属设施用地
		08H2A	高教用地	指高等院校及其附属设施用地
		0809	公用设施用地	指用于城乡基础设施的用地。包括供水、排水、污水处理、供电、供热、供气、邮政、电信、消防、环卫、公用设施维修等用地
		0810	公园与绿地	指城镇、村庄范围内的公园、动物园、植物园、街心花园、广场和用于休憩、美化环境及防护的绿化用地
		0810A	广场用地	指城镇、村庄范围内的广场用地
09	特殊用地			指用于军事设施、涉外、宗教、监教、殡葬、风景名胜等的用地

续附表 3-2

一级类		二级类		含义
编码	名称	编码	名称	
10	交通运输用地			指用于运输通行的地面线路、场站等的土地。包括民用机场、汽车客货运场站、港口、码头、地面运输管道和各种道路以及轨道交通用地
		1001	铁路用地	指用于铁道线路及场站的用地。包括征地范围内的路堤、路堑、道沟、桥梁、林木等用地
		1002	轨道交通用地	指用于轻轨、现代有轨电车、单轨等轨道交通用地,以及场站的用地
		1003	公路用地	指用于国道、省道、县道和乡道的用地。包括征地范围内的路堤、路堑、道沟、桥梁、汽车停靠站、林木及直接为其服务的附属用地
		1004	城镇村道路用地	指城镇、村庄范围内公用道路及行道树用地,包括快速路、主干路、次干路、支路、专用人行道和非机动车道及其交叉口等
		1005	交通服务场站用地	指城镇、村庄范围内交通服务设施用地,包括公交枢纽及其附属设施用地、公路长途客运站、公共交通场站、公共停车场(含设有充电桩的停车场)、停车楼、教练场等用地,不包括交通指挥中心、交通队用地
		1006	农村道路	在农村范围内,南方宽度大于或等于1.0m,小于或等于8.0m,北方宽度大于或等于2.0m,小于或等于8.0m,用于村间、田间交通运输,并在国家公路网络体系之外,以服务于农村农业生产为主要用途的道路(含机耕道)
		1007	机场用地	指用于民用机场、军民合用机场的用地
		1008	港口码头用地	指用于人工修建的客运、货运、捕捞及工程、工作船舶停靠的场所及其附属建筑物的用地,不包括常水位以下部分
		1009	管道运输用地	指用于运输煤炭、矿石、石油、天然气等管道及其相应附属设施的地上部分用地
11	水域及水利设施用地			指陆地水域,沟渠、水工建筑物等用地,不包括滞洪区
		1101	河流水面	指天然形成或人工开挖河流常水位岸线之间的水面,不包括被堤坝拦截后形成的水库区段水面
		1102	湖泊水面	指天然形成的积水区常水位岸线所围成的水面
		1103	水库水面	指人工拦截汇集而成的总设计库容大于或等于10万 m^3 的水库正常蓄水位岸线所围成的水面

续附表 3-2

一级类		二级类		含义			
编码	名称	编码	名称				
11	水域及水利设施用地	1104	坑塘水面	指人工开挖或天然形成的蓄水量小于 10 万 m³ 的坑塘常水位岸线所围成的水面			
				1104A	养殖坑塘	指人工开挖或天然形成的用于水产养殖的水面及相应附属设施用地	
						1104K	可调整养殖坑塘	指由耕地改为养殖坑塘,但可复耕的土地
		1107	沟渠	指人工修建,南方宽度大于或等于 1.0m、北方宽度大于或等于 2.0m 用于引、排、灌的渠道,包括渠槽、渠堤、护路林及小型泵站			
				1107A	干渠	指除农田水利用地以外的人工修建的沟渠	
		1109	水工建筑用地	指人工修建的闸、坝、堤路林、水电厂房、扬水站等常水位岸线以上的建(构)筑物用地			
		1110	冰川及永久积雪	指表层被冰雪常年覆盖的土地			
12	其他土地			指上述地类以外的其他类型的土地			
		1201	空闲地	指城镇、村庄、工矿范围内尚未使用的土地。包括尚未确定用途的土地			
		1202	设施农用地	指直接用于经营性畜禽养殖生产设施及附属设施用地;直接用于作物栽培或水产养殖等农产品生产的设施及附属设施用地;直接用于设施农业项目辅助生产的设施用地;晒场、粮食果品烘干设施、粮食和农资临时存放场所、大型农机具临时存放场所等规模化粮食生产所必需的配套设施用地			
		1203	田坎	指梯田及梯状坡地耕地中,主要用于拦蓄水和护坡,南方宽度大于或等于 1.0m、北方宽度大于或等于 2.0m 的地坎			
		1204	盐碱地	指表层盐碱聚集,生长天然耐盐植物的土地			
		1205	沙地	指表层为沙覆盖、基本无植被的土地。不包括滩涂中的沙地			
		1206	裸土地	指表层为土质,基本无植被覆盖的土地			
		1207	裸岩石砾地	指表层为岩石或石砾,其覆盖面积大于或等于 70% 的土地			

附表 3-3　城镇村及工矿用地

一级类		二级类		含义
编码	名称	编码	名称	
20	城镇村及工矿用地			指城乡居民点、独立居民点以及居民点以外的工矿、国防、名胜古迹等企事业单位用地,包括其内部交通、绿化用地
		201	城市	指城市居民点,以及与城市连片的和区政府、县级市政府所在地镇级辖区内的商服、住宅、工业、机关、学校等单位用地。包括其范围内的其他各类用地
		201A	城市独立工业用地	城市辖区内独立的工业用地
		202	建制镇	指建制镇居民点,以及辖区内的商服、住宅、工业、学校等企事业单位用地。包括其范围内的其他各类用地
		202A	建制镇独立工业用地	建制镇辖区内独立的工业用地
		203	村庄	指农村居民点,以及所属的商服、住宅、工业、学校等用地。包括其范围内的其他各类用地
		203A	村庄独立工业用地	村庄所属独立的工业用地
		204	盐田及采矿用地	指城镇村庄用地以外采矿、采石、采砂(沙)场,盐田,砖瓦窑等地面生产用地及尾矿堆放地
		205	特殊用地	指城镇村庄用地以外用于军事设施、涉外、宗教、监教、殡葬、风景名胜等的用地

注:对工作分类中 05、06、07、08、09 各地类,0603、1004、1005、1201 二级类,以及城镇村庄范围内的其他各类用地按附表 3-3 进行归并。